Der Ausfall einer privaten Darlehensforderung als Verlust?

Der Ausfall einer privaten Darlehensforderung als Verlust?

Vom Widersinn der Einsicht des BFH vom 24.10.2017, VIII R 13/15

Von

Michael Stein

Bibliografische Information der Deutschen Bibliothek

Die Deutsche Bibliothek verzeichnet diese Publikation
in der Deutschen Nationalbibliografie;
detaillierte bibliografische Daten sind im Internet
über <http://dnb.ddb.de> abrufbar.

ISBN 978-3-7528-6815-9

© **2018 Michael Stein**, Jena
Rechtsstand: August 2018

Urheber: Michael Stein, Jena
erstellt mit Microsoft® Word® 2000 auf Microsoft® Windows® 98, Zweite Ausgabe
Schriftsatz: Michael Stein, Jena
gesetzt mit Microsoft® Word® 2000 auf Microsoft® Windows® 98, Zweite Ausgabe
Umschlag: Michael Stein, Jena
gestaltet auf einer Vorlage der Books on Demand GmbH, Norderstedt
Herstellung und Verlag: Books on Demand GmbH, Norderstedt
Printed in Germany

Das Papier erfüllt die Frankfurter Forderungen der Deutschen Bibliothek
und der Gesellschaft für das Buch bezüglich der Alterungsbeständigkeit
und entspricht sowohl den strengen Bestimmungen der US Norm Ansi/Niso
Z.39.48-1992 als auch der ISO-Norm 9706.

Inhaltsverzeichnis

Vorbemerkung

Dieses Urteil beschäftigt die schreibende Zunft[1] nicht ohne Grund. Mit Blick auf die anderslautende Auslegung des Fiskus entfaltete die Entscheidung des BFH vom 24.10.2017, VIII R 13/15[2] eine Novität, welche an den Grundfesten des EStG rüttelt:

Der Ausfall einer privaten Darlehensforderung[3] führt zu einem steuerlichen Verlust aus Kapitalvermögen[4].

Diese Entscheidung trifft in der Literatur sowohl auf Zustimmung[5] als auch auf Ablehnung[6]. Die Finanzverwaltung meldet Bedenken[7] an, während ein Untergericht[8] dem BFH folgte, indessen ein anderes FG ihm widersprach[9].

Die vorliegende Arbeit hinterfragt die Urteilsgründe im Detail und gelangt zu dieser Einsicht: Die Herleitung[10] des VIII. Senates des BFH beruht auf einem rechtslogisch nicht mehr nachvollziehbaren Verständnis der Materie; hält einer an den gängigen Auslegungsregeln orientierten Nachprüfung nicht stand.

---

1   Etwa: *Brombach-Krüger*, Ubg 2018, 178, 179; *Jachmann-Michel* in: BB 2018, 854 (858 f.); Ubg 2018, 174; StuW 2018, 9, 14 f.; jM 2018, 124; HFR 2018, 135; *Hahne*, BB 2018, 99; *Moritz/Strohm*, BB 2018, 542; *Eversloh*, RdW 2018, 51; *Förster*, DB 2018, 336, 337; *Weiss* in: NWB 2018, 544; EStB 2018, 7 [49 f.], Ubg 2018, 394, 397 f.; GmbHR 2018, 587; *Kahlert*, DStR 2018, 229; *Stein*, Update 2018: Der verausgabte Barausgleich des Stillhalters bei Optionsgeschäften (§ 20 EStG), Norderstedt 2018 (ISBN 978-3-746-02463-9; Rechtsstand: Februar 2018), Seiten 17 bis 26; *Jochum*, DStZ 2018, 63; *Dötsch*, jurisPR-SteuerR 2/2018 Anm. 3; *Fuhrmann*, NWB 2017, 4003, 4009; *kk*, KÖSDI 2018, 20589; *Levedag* in Schmidt, EStG (37. Auflage 2018), § 20, Rn. 148; *Stenert/Selle*, Ubg 2018, 178, 181; *Moritz*, KSR Nr. 2 (v. 2 2.2018), 3; *Carlé*, BeSt 2/2018, 14 f.; *Ott* in: StuB 2018, 345, DStZ 2018, 179; *Vortmann*, WuB 2018, 206; *Joachimsthaler*, NZI 2018, 168 f.; *Neu*, DB-Steuerboard-Blog v. 9.1.2018, DB 1259751; *Binnewies*, AG 2018, 151; *Crezelius*, NZI 2018, 254; *Urban*, Ubg 2018, 199 [203]; *Zacher*, SAM 2/2018, 43; *Fuhrmann*, KÖDI 2018, 20796, 20802.
2   BFH v. 24.10.2017, VIII R 13/15, BFHE 259, 535.
3   Bislang steuerlich irrelevant, siehe schon: BFH v. 23.3.1984, VIII R 117/78, BStBl II 1931, 505.
4   Vgl. zur Thematik – noch *vor* dem Ergehen von BFH v. 24.10.2017, VIII R 13/15, BFHE 259, 535 – eingehend: *Mathäus*, FR 2016, 888; *Anemüller/Lohkamp*, ErbStB 2016, 121, 125; *Cornelius/Anwari*, EStB 2016, 266, 272; *Gast* (Fn. 88), 145 ff.
5   *Hahne*, BB 2018, 99, 101: *„Urteil überzeugt in der Sache"*; *Dötsch*, jurisPR-SteuerR 2/2018 Anm. 3.: *„ist beizupflichten"*; *kk*, KÖSDI 2018, 20589: *„BFH argumentiert überzeugend"*; *Carlé*, BeSt 2/2018, 15: *„dogmatisch überzeugend"*; *Zacher*, SAM 2/2018, 43: *„klassische Anwendung des Repertoires der Auslegungsmethodik"*; *Weiss*, Ubg 2018, 394, 398: *„sinnvolles und verfassungsrechtlich gebotenes Ergebnis"*.
6   Etwa: *Urban*, Ubg 2018, 199 [203]: *„wenig überzeugende Urteilsbegründung"*; eingehend auch: *Stein*, Update 2018: Der verausgabte Barausgleich des Stillhalters bei Optionsgeschäften (§ 20 EStG), Norderstedt 2018 (ISBN 978-3-746-02463-9; Rechtsstand: Februar 2018), Seiten 17 bis 26.
7   Vgl. OFD NRW v. 23.1.2018, DB 2018, 415; DStR 2018, 921; *Brombach-Krüger*, Ubg 2018, 178, 179.
8   Das FG Münster v. 12.3.2018, 2 K 3127/15 E, EFG 2018, 947 (Rev.: **IX R 9/18**), überträgt die Grundsätze der BFH-Entscheidung VIII R 13/15 auf den Forderungsverzicht; dazu: Anm. *Weiss*, GmbHR 2018, 587.
9   Ausdrücklich gegen BFH VIII R 13/15: Hessisches FG v. 12.4.2018, 9 K 1053/15 (Rev.: **IX R 17/18**).
10 BFH v. 24.10.2017, VIII R 13/15, BFHE 259, 535.

I. Vom Fiskus zum Urteil

1. Die Auslegung des Fiskus

Unter dem ab dem Jahre 2009 geltenden mit dem UntStRefG 2008[11] einge-
führten Abgeltungsteuerregime werden bei den Kapitalforderungen, zu denen
auch das Darlehen zählt, die laufenden Erträge in Form von Zinsen (§ 20
Abs. 1 Nr. 7 EStG) sowie ein etwaiger Veräußerungsgewinn aus dessen
Verkauf (§ 20 Abs. 2 S. 1 Nr. 7 EStG) der Besteuerung unterworfen. In
Ansehung der beiden genannten Normen – ergänzend zu würdigen ist auch
§ 20 Abs. 2 S. 2 EStG – beurteilt die Finanzverwaltung den Ausfall eines
Darlehens, das im Privatvermögen gehalten wird, derzeit[12] als steuerlich
unbeachtlich[13].

2. Die beistimmende Entscheidung der Vorinstanz

Dieser Einschätzung vermochten die Kläger in jenem Fall, welcher in die
klageabweisende und vom BFH[14] aufgehobene Entscheidung des FG Düsseldorf vom 11.3.2015[15] mündete, nicht zu folgen: Die Kläger sahen eine Steu-
erverstrickung der ihnen ausgefallenen privaten Darlehensforderung und
begehrten den Ansatz eines dem Ausfall entsprechenden Verlustes aus Kapitalvermögen. In diesem Fall hatten die Kläger (Ehegatten) ein mit 5 %
verzinstes Darlehen in Höhe von knapp 25.000 € ausgegeben. Über das
Vermögen des Darlehensnehmers wurde jedoch (am 1.8.2012) das Insol-
venzverfahren eröffnet, so dass eine Rückzahlung in Höhe von knapp
20.000 € ausblieb. Der Kläger meldete die offene Darlehensforderung zur
Insolvenztabelle an.

Das FG berücksichtigte mit dem Finanzamt den Verlust des Darlehenskapitals nicht, weil der gesetzliche Tatbestand nicht erfüllt sei: Weder handele
es sich um eine Veräußerung (§ 20 Abs. 1 S. 1 Nr. 7 EStG), noch um eine
Einlösung, Rückzahlung, Abtretung oder verdeckte Einlage in eine Kapital-

---

11 Unternehmensteuerreformgesetz 2008 v. 14.8.2007, BGBl. I 2007, 1912.
12 Etwa: OFD NRW, Kurzinformation ESt v. 23.1.2018, DB 2018, 415: „*Der BFH hat mit Urteil vom 24.10.2017 (VIII R 13/15, DB 2017, S. 3035 entschieden, dass der endgültige Ausfall einer Kapitalfor-derung i.S d. § 20 Abs. 1 Nr. 7 EStG zu einem steuerlich zu berücksichtigenden Verlust nach § 20 Abs. 2 Satz 1 Nr. 7, Satz 2, Abs. 4 EStG führt ... Der BFH widerspricht damit der Verwaltungsauffas-sung, wonach der Forderungsausfall keine Veräußerung i.S.d. § 20 Abs. 2 Satz 2 darstellt (vgl. BMF vom 18.1.2016, BStBl. I 2016 = DB 2016, S. 205, Rn. 60). ...*".
13 BMF v. 18.1.2016, BStBl I 2016, 85, Rz. 60.
14 BFH v. 24.10.2017, VIII R 13/15, BFHE 259, 535.
15 FG Düsseldorf v. 11.3.2015, 7 K 3661/14 E, BB 2015, 1639 mit Anm. *Hahne* (BB 2015, 1640).

9

gesellschaft (§ 20 Abs. 2 S. 2 EStG)[16]. Der Verlust des Darlehenskapitals sei – entsprechend der Rechtsprechung des BFH – steuerlich unbeachtlich: Die Aufwendungen beträfen das Kapital und seien nicht von § 20 EStG erfasst. Für eine anderweitige Auslegung, etwa Teleologie bzw. Analogie, fehle es an einer planwidrigen Gesetzeslücke[17].

3. Die andere Auslegung des BFH

Mit seiner Revisionsentscheidung VIII R 13/15[18] hat der VIII. Senat des BFH die Frage zur steuerlichen Auswirkung eines schlichten Forderungsausfalls jedoch zu Gunsten des dortigen Klägers beantwortet: Der endgültige Ausfall einer Kapitalforderung (im Sinne des § 20 Abs. 1 Nr. 7 EStG) führe zu einem steuerlich anzuerkennenden Verlust im Sinne des § 20 Abs. 2 S. 1 Nr. 7 EStG i.V.m. S. 2 EStG. Die Sache sei an das FG zurückzuweisen, um festzustellen, ob der Ausfall endgültig sei. Zur Begründung führt BFH an, seit Einführung der Abgeltungsteuer werden Wertveränderungen bei § 20 EStG erfasst, weshalb insoweit – wegen der Aufgabe von Vermögens- und Ertragsebene – alle Wertveränderungen steuerbar seien.

Als Folge dieses Paradigmenwechsels sei der endgültige Ausfall einer Kapitalforderung (i.S.d. § 20 Abs. 1 Nr. 7 EStG) als Verlust zu berücksichtigen. Es ergebe keinen Unterschied zwischen der Rückzahlung der Forderung unter Nennwert und dem Ausfall der Darlehensforderung zumal ein Forderungsausfall der Veräußerung i.S.d. § 20 Abs. 2 S. 1 Nr. 7 EStG gleichzustellen sei. Dem entspreche auch das Verfassungsgebot der Folgerichtigkeit: Denn führe eine Rückzahlung über dem Nennwert der Forderung zu einem steuerlichen Gewinn, führe eine Rückzahlung unter Nennwert zu einem steuerlichen Verlust.

Diese Würdigung stehe im Einklang mit der Rechtsprechung des BFH, wonach auch die Übertragung wertloser Wirtschaftsgüter zu einem Veräußerungsverlust führe. Ohnedies bestehe wirtschaftlich besehen kein Unterschied zwischen einer Veräußerung kurz vor Ausfall der Forderung und dem Behalten der später ausgefallenen Forderung. Ergänzend fügt der BFH hinzu: Eine ausufernde Verlustnutzung sei bereits aufgrund der begrenzten Verrechenbarkeit der Verluste gemäß § 20 Abs. 6 EStG ausgeschlossen.

---

16 Ebenso FG Köln v. 18.1.2017, 9 K 267/14, Rdn. 51 (Rev. X R 9/17): *„Der Ausfall einer Forderung erfüllt keins der vorgenannten Tatbestände"* [zum Urteil: *Weiss*, DB 2017, 1871].
17 FG Düsseldorf v. 11.3.2015, 7 K 3661/14 E, Rdn. 11.
18 BFH v. 24.10.2017, VIII R 13/15, BFHE 259, 535.

II. Analyse der Entscheidung des BFH

1. Gleichsetzung von unterbliebener Rückzahlung mit einer Veräußerung

Um es gleich zu sagen: Es handelt sich um eine Fehlentscheidung des VIII. Senates. Die vom Senat angebrachten Gründe folgen nicht den gängigen Auslegungsregeln und blenden naheliegende[19] Zusammenhänge aus. Dabei lässt das Primärrecht keine Zweifel: De lege lata ist es offensichtlich und bedarf keiner weiteren Begründung, dass der Totalausfall einer privaten Kapitalforderung infolge einer Insolvenz des Darlehensnehmers keinen der Tatbestände des § 20 Abs. 2 EStG erfüllt[20]. Im Einzelnen:

Der Kern der Argumentation des VIII. Senates des BFH lautet: Weil die Rückzahlung als Veräußerung gilt (§ 20 Abs. 2 S. 2 EStG), führe das Ausbleiben einer Rückzahlung (Ausfall der Forderung) zu einem Verlust im Sinne des § 20 Abs. 2 S. 1 Nr. 7 i.V.m. S. 2 EStG. Damit beschreibt der BFH – jedenfalls im Ergebnis – eine Gleichstellung von unterbliebener Rückzahlung mit einer Veräußerung[21].

Diese Gleichsetzung bleibt jedoch unverständlich, denn der schlichte Ausfall einer privaten Forderung lässt sich nicht als Veräußerung einer Forderung beurteilen[22]. Im Einzelnen:

Eine Veräußerung ist ein Verpflichtungsgeschäft[23], das auf die entgeltliche Übertragung des Eigentums am Kapital auf einen anderen Rechtsträger gerichtet ist[24]. Eine Veräußerung setzt damit einen Realisationsakt samt Rechtsträgerwechsel voraus, während ein Untergang der Darlehensforderung im

---

19 Dies beginnt mit der Semantik: Der VIII. sieht schon nicht, dass eine Rückzahlung nicht vorliegt, wenn keine Rückzahlung erfolgt; hierzu etwa *Urban*, Ubg 2018, 199, 203: Lt. BFH sei „*Eine Rückzahlung ist auch keine Rückzahlung, als Gleichung formuliert: non a = a.*"; siehe dazu auch *Jochum*, DStZ 2018, 63, 64: Eine Rolle vorwärts ist keine Rolle rückwärts.

20 *Stein* (Fn. 48), 25; **FG Düsseldorf** v. 11.3.2015, 7 K 3661/14 E, **Rdn. 11 Satz 3** (nachgehend a.A.: BFH v. 24.10.2017, VIII R 13/15, BFHE 259, 535).

21 *Jachmann-Michel*, BB 2018, 854, 858 f. (und öfter).

22 *Ratschow* in: Blümich, EStG, § 20 Rz. 390, Stand: 11/2016: „*In allem Fällen* [Verf.: des § 20 Abs. 2 Satz 2 EStG] *liegt ... eine Veräußerung nicht vor*", Rz. 393, Stand: 11/2016: „*Der bloße Ausfall einer Forderung oder das Wertloswerden eines Wertpapiers ... können nicht unter Abs. 2 Satz 2 subsumiert werden.*"; *Gast* (Fn. 88), 144 (der Gesetzgeber habe bewusst keine solche Gleichstellung vorgenommen).

23 Gleichsam: Austauschvertrag, bei dem Leistung und Gegenleistung nach kaufmännischen Gesichtspunkten abgewogen sind.

24 BFH v. 22.7.2008, IX R 74/08, BStBl II 2009, 124; BFH v. 4.7.2007, VIII R 68/05, BStBl II 2007,

11

Falle eines Forderungsausfalls lediglich die Feststellung der Uneinbringlichkeit nämlicher Forderung beschreibt. Beim Forderungsausfall findet kein Rechtsträgerwechsel und somit keine Veräußerung bzw. kein veräußerungsähnlicher Vorgang statt[25].

Die Annahme einer Veräußerung erfordert – auch dies übersieht der VIII. Senat des BFH – zudem eine Identität zwischen angeschaffter und veräußerter Kapitalanlage[26]. Solche Nämlichkeit[27] fehlt beim Ausfall einer Forderung, welche bei deren Entstehung *werthaltig* war um sodann endgültig *wertlos* zu werden.

Ebenso nicht überzeugend ist der Hinweis des BFH auf eine Vergleichbarkeit des Forderungsausfalls mit der Konstellation, dass der Steuerpflichtige die (nahezu) wertlos gewordene Forderung zu einem Kaufpreis weit unter dem Nominalwert veräußert. Mit dieser Formulierung will der VIII. Senat offenbar verbrämen, dass mangels Realisationsakt (etwa: Veräußerung) der Tatbestand des § 20 Abs. 2 S. 1 Nr. 7 EStG unvollendet geblieben, also gerade nicht erfüllt ist[28].

Überhaupt verbleibt auf die Rechtsprechung des VIII. Senates zu verweisen, welche eine Anknüpfung an erdachte aber nicht realisierte Sachverhalte ablehnt[29]. Das Gesetz spricht in § 20 Abs. 2 S. 2 EStG von einer Rückzahlung, nicht von einer „endgültig ausbleibenden Rückzahlung"[30].

Die Rückzahlung eines Darlehens – im Sinne einer Tilgung – kann nicht gleichgestellt werden mit einer nicht stattgefundenen Rückzahlung[31]. Wenn eine Rückzahlung ausbleibt, liegt gerade k e i n e Rückzahlung vor[32].

937; BFH v. 17.2.2004, VIII R 28/02, BStBl II 2005, 46.

25 *Helios/Link*, DStR 2008, 386; jedenfalls *d i e s* sieht auch *Jachmann-Michel*, BB 2018, 854, 858.

26 *Ratschow* in: Blümich, EStG, § 20 Rz. 351, Stand: 08/2015, m. N.

27 Hierzu zuletzt: BFH v. 8.11.2017, IX R 25/15, BFH/NV 2018, 560 (dort Rdn. 17: betr. 23 EStG).

28 Siehe auch: *Jochum*, in: Kirchhof/Söhn, EStG, § 20, Stand: März 2017 [277. Aktualisierung], Rdn. D/9 18: „*Selbst wenn man die Berücksichtigung der Vermögensverluste im Ergebnis als systematisch geboten ansehen mag, führt doch kein Weg daran vorbei, dass der Sachverhalt des Forderungsausfalls von einem bestimmten Steuertatbestand erfasst werden müsste. Dies gebietet der Grundsatz der gesetzmäßigen Besteuerung. Beim Forderungsausfall kommt es jedoch weder zu einer Rückübertragung des überlassenen Kapitals noch zur Erbringung der versprochenen Leistung. Daher verbietet es der Wortlaut des § 20 Abs. 2 Satz 2, einen Forderungsausfall unter den Tatbestand der Norm zu subsumieren*".

29 BFH v. 14.5.2014, VIII R 37/12, unter II.1.b) bb).

30 *Stein* (Fn. 48), 20.

31 Einwandfrei: *Kellersmann*, FR 2012, 57, 62 („*... weil es an jeglicher Erfüllungshandlung fehlt*"); *Jochum*, DStZ 2018, 63, 64 ff.; *Jochum*, in: Kirchhof/Söhn, EStG, § 20, Stand: März 2017 [277. Aktualisierung], Rdn. D/9 18: „*Beim Forderungsausfall kommt es jedoch weder zu einer Rücküber-*

Das Ersatztatbestandsmerkmal der Rückzahlung ersetzt lediglich dasjenige der Veräußerung (in § 20 Abs. 2 S. 1 Nr. 7 EStG), führt aber nicht zu einer inhaltlich-sachlichen Gleichstellung im Sinne einer Ähnlichkeit beider inhaltsverschiedener Merkmale/Begriffe[33].

Damit fehlt es an einer Grundlage für den Befund[34] des VIII. Senates, die „... Gleichstellung einer Rückzahlung mit dem Tatbestand der Veräußerung ... " führe bei ausbleibender Rückzahlung zu einem Verlust.

2. Zum Untergang des Kapitalstamms

Damit kommen wir zurück auf das Hauptargument der Vorinstanz[35]: Nach dem Prinzip des Einkünftedualismus wirken sich Verluste auf den Vermögensstamm im Privatvermögen steuerlich grundsätzlich nicht aus[36].

Der Verlust des Kapitals berührt die Einkunftsart des § 20 EStG nicht[37], woran auch die Einführung des § 20 Abs. 2 Nr. 7 EStG (punktuelle Erfassung der Gewinne aus der Veräußerung von Kapitalforderungen im Sinne des § 20 Abs. 1 Nr. 7 EStG) nichts Grundlegendes änderte[38].

Denn mit Einführung des Abgeltungsteuerregimes hatte der Gesetzgeber nicht beabsichtigt, die grundsätzliche Unterscheidung zwischen „Quelle" (Vermögensebene) und „Frucht" (Einkunftsebene) aufzugeben[39].

---

tragung des überlassenen Kapitals noch zur Erbringung der versprochenen Leistung"; *Urban*, Ubg 2018, 199, 203: „... ändert aber nichts daran, dass der Ausfall sich nicht unter den Begriff der Rückzahlung subsumieren lässt"; *Gast* (Fn. 88), 148 (unter Hinweis auf ZKA vor FinA).

32 Dies stellen auch *Moritz/Strohm*, BB 2018, 542, 44 fest, finden jedoch eine andere „Rechtfertigung" dieser Gleichsetzung vermittels Bezugnahme auf BFH-Rechtsprechung zu Termingeschäften.

33 Dies übersieht *Jachmann-Michel*, BB 2018, 854, 858; genauso gut hätte der Gesetzgeber in der Norm des § 20 Abs. 2 S. 1 Nr. 7 EStG selbst notieren können „ ... Veräußerung oder Rückzahlung ... ".

34 BFH v. 24 10.2017, VIII R 13/15, BFHE 259, 535, Rdn. 15 S. 3.

35 FG Düsseldorf v. 11.3.2015, 7 K 3661/14 E.

36 Eingehend etwa: *Feldhofer*, Die einkommensteuerliche Behandlung von Forderungsverlusten im Haushaltseinkünftebereich, 1995 (ISBN: 978-3-486-23335-2), S. 168 ff.; s. a. *Bayer*, DStR 2009, 2397.

37 Statt vieler BFH v. 16.4.1991, VIII R 100/87, BStBl II 1992, 234; BFH v. 24.10.2000, VIII R 28/99, BStBl II 2001, 97; BFH v. 10.7.2001, VIII R 22/99, BFH/NV 2001, 1555; BFH v. 22.9 2004, III R 38/03; BFH v. 20.11.2006, VIII R 97/02, BStBl II 2007, 555; BFH v. 10.4.2014, VI R 57/13, BStBl II 2014, 850.

38 Zuletzt – einhergehend mit BFH v. 24.10.2017, VIII R 13/15, BFHE 259, 535 – a. A.: *Moritz/Strohm*, BB 2018, 542; *Jachmann-Michel* in: jM 2018, 124; BB 2018, 854, 858 f. (und öfter); *Levedag* in Schmidt, EStG (37. Auflage 2018), § 20, Rn. 148.

39 Ebenso: FG Berlin-Brandenburg v. 20.1.2016, 14 K 14040/13 (Rev.: VIII R 18/16), Rdn. 21: „Es fehlt an Anhaltspunkten dafür, dass der Gesetzgeber die Vermögenssphäre umfassend berücksichtigen wollte"; ebenso, gar wörtlich: Hessisches FG v. 12.4.2018, 9 K 1053/15 (Rev.: IX R 17/18).

3. Vermeintlicher Paradigmenwechsel mit Einführung der Abgeltungsteuer

Anders beurteilt dies der VIII. Senat des BFH. Die Erkenntnis VIII R 13/15[40] bejaht statt dessen eine maßgebende Rechtsänderung ab dem Jahre 2009: Unter Hinweis auf eine *„herrschende Meinung"* [41] in der Literatur[42] trägt der VIII. Senat nämlich vor, mit Einführung der Abgeltungsteuer habe der Gesetzgeber die Trennung von Vermögens- und Ertragsebene für die Einkünfte aus Kapitalvermögen aufgeben[43] und – *„Paradigmenwechsel"* [44] – eine vollständige steuerrechtliche Erfassung aller Wertveränderungen im Zusammenhang mit Kapitalanlagen bewirken wollen[45].

a) Aber: Keine generelle Verstrickung der Vermögenssphäre bei § 20 EStG

Dieser Rechtsfindung des VIII. Senates ist mit Blick auf § 2 Abs. 2 Nr. 2 EStG entgegenzutreten[46]: Mit Einführung der Abgeltungsteuer-Schedule hat der Gesetzgeber kein steuerliches „Finanzvermögen" generiert[47] und der Einkünftedualismus – die Norm des § 20 EStG ist den Überschusseinkünften gemäß § 2 Abs. 2 Nr. 2 EStG zugeordnet – wirkt auch innerhalb der Abgeltungsteuer-Schedule[48].

Die in § 20 Abs. 1 EStG erfassten Tatbestände setzen auf Fruchtziehung, wobei die Abfassung des § 20 Abs. 2 EStG in etwa – jedoch ausgeprägtere Substanzerfassung als vor 2009 – der bisherigen Besteuerung gemäß §§ 17, 23 EStG a. F. entspricht[49]. Sonach bewirken die in § 20 Abs. 2 EStG erfassten Sachverhalte keine generelle Verstrickung der Vermögenssphäre bei den Kapitaleinkünften[50].

---

40 BFH v. 24.10.2017, VIII R 13/15, BFHE 259, 535.
41 BFH v. 24.10.2017, VIII R 13/15, BFHE 259, 535, Rdn. 11 S. 1 in der Klammer vor den Literaturquellen: *„herrschende Meinung"*.
42 BFH v. 24.10.2017, VIII R 13/15, BFHE 259, 535, Rdn. 11.
43 BFH v. 24.10.2017, VIII R 13/15, BFHE 259, 535, Rdn. 11 S. 2.
44 BFH v. 24.10.2017, VIII R 13/15, BFHE 259, 535, Rdn. 13 S. 1.
45 BFH v. 24.10.2017, VIII R 13/15, BFHE 259, 535, Rdn. 11 S. 1.
46 *Stein* (Fn. 234), 63.
47 *Stein* (Fn. 234), 65.
48 *Stein*, Update 2018: Der verausgabte Barausgleich des Stillhalters bei Optionsgeschäften (§ 20 EStG), Norderstedt 2018 (ISBN 978-3-746-02463-9), 17.
49 *Stein* (Fn. 48), 34.
50 *Stein*, Der verausgabte Barausgleich des Stillhalters bei Optionsgeschäften, Norderstedt 2017 (ISBN 978-3-744-87204-1), 34; **a. A.** – statt vieler –: *Moritz/Strohm*, BB 2018, 542, 544.

b) Unbehilflicher Verweis auf später angepasste Übergangsregelung für (echte und unechte) Finanzinnovationen

Zur Herleitung des „*Paradigmenwechsels*" im Sinne einer (vermeintlichen) generellen Aufgabe der Trennung von Vermögens- und Ertragsebene für Einkünfte aus Kapitalvermögen[51] bemüht der VIII. Senat auch eine (geänderte) gesetzliche Übergangsregelung[52] samt deren Gesetzesbegründung[53].

Diese Herleitung kann mit Blick auf die Gesetzeshistorie nicht überzeugen:

Mit der Einführung einzelner steuerbarer Veräußerungsvorgänge in § 20 Abs. 2 EStG a.F. durch das StMBG vom 21.12.1993[54] wollte der historische Gesetzgeber Vertragsgestaltungen (sog. Finanzinnovationen) entgegenwirken, welche Zinserträge als steuerfreien Wertzuwachs konstruierten[55].

Mit dem UntStRefG 2008 vom 14.8.2007[56] beschränkte sich der Gesetzgeber insofern auf einen – gleichsam zusammenfassenden – Tatbestand: Gemäß § 20 Abs. 2 Satz 1 Nr. 7 (Veräußerungserlöse) in Verbindung mit § 20 Abs. 1 Nr. 7 EStG (laufende Erträge) gehören Gewinne aus der Veräußerung von sonstigen Kapitalforderungen jeder Art zu den Einkünften aus Kapitalvermögen, wenn die Rückzahlung des Kapitalvermögens oder ein Entgelt für die Überlassung des Kapitalvermögens zur Nutzung zugesagt oder geleistet worden ist, auch wenn die Höhe der Rückzahlung oder des Entgelts von einem ungewissen Ereignis abhängt.

Mit dem JStG 2009 vom 19.12.2008[57] nahm der Gesetzgeber eine Änderung der Übergangsvorschrift des § 52 Abs. 10 Satz 7[58] dergestalt vor, dass er (nachträglich) definierte, was unter Kapitalforderung im Sinne der Alt-Norm (nämlich: 20 Abs. 2 Satz 1 Nr. 4 a.F.) auch zu verstehen ist: Eine solche „Kapital-Alt-Forderung" liegt – sagt das Gesetz – nämlich auch vor, *„wenn die Rückzahlung nur teilweise garantiert ist oder wenn eine Trennung zwischen Ertrags- und Vermögensebene möglich erscheint"*.

---

51 BFH v. 24.10.2017, VIII R 13/15, BFHE 259, 535, Rdn. 11, Rdn. 13 S. 1.
52 BFH v. 24.10.2017, VIII R 13/15, BFHE 259, 535, Rdn. 12 S. 1.
53 BFH v. 24.10.2017, VIII R 13/15, BFHE 259, 535, Rdn. 12 S. 2.
54 BGBl I 1993, 2310.
55 BT-Drs. 12/5630, 59.
56 BGBl. I 2007, 1912.
57 BGBl. I 2008, 2794.
58 Jetzt: § 52 Abs. 282 Satz 16 Halbsatz 3 EStG n.F.

Vollständig lautet Gesetzesergänzung – welche selbst nur einen weiteren Halbsatz verkörpert[59]– so: *„Kapitalforderungen im Sinne des § 20 Abs. 2 Satz 1 Nr. 4 in der am 31. Dezember 2009 anzuwendenden Fassung liegen auch vor, wenn die Rückzahlung nur teilweise garantiert ist oder wenn eine Trennung zwischen Ertrags- und Vermögensebene möglich erscheint".*

Der VIII. Senat greift in seiner Begründung jedoch nur diese Wortabfolge *„wenn eine Trennung zwischen Ertrags- und Vermögensebene möglich erscheint"*[60] heraus, um zu begründen[61], der Gesetzgeber habe die – vom Senat unmittelbar zuvor so in Bezug genommene[62] – *„Trennung von Vermögens- und Ertragsebene für Einkünfte aus Kapitalvermögen aufgegeben"*[63].

Dieser Zusammenhang erschließt sich – vor allem nicht in dieser Allgemeinheit (*„für Einkünfte aus Kapitalvermögen"*) – jedoch nicht. Im Einzelnen:

Diese Formulierung der angepassten Übergangsregelung ist allein – der VIII. Senat klärt dies in VIII R 13/15[64] jedoch nicht auf – den „Spezialitäten" der durch das StMBG vom 21.12.1993[65] eingeführten Sondernormen zu den zahlreichen (echten und unechten) Finanzinnovationen und der hierzu ergangenen Rechtsprechung[66], samt deren Bewertung durch den Gesetzgeber[67], geschuldet[68], was die Gesetzesbegründung[69] auch detailliert samt verfas-

---

59 BT-Drs. 16/10189, 17 li. Sp. unten: *„Der den Satz 7 abschließende Punkt wird durch eine Semikolon ersetzt und folgender Halbsatz angefügt".*

60 So in BFH v. 24.10.2017, VIII R 13/15, BFHE 259, 535, Rdn. 12 S. 1 zitiert.

61 BFH v. 24.10.2017, VIII R 13/15, BFHE 259, 535, Rdn. 12 beide Sätze (S. 1 [*„Ausdrücklich ist in der Übergangsvorschrift des § 52a Abs. 10 Satz 7 Halbsatz 2 EStG niedergelegt ..."*] und S. 2).

62 BFH v. 24.10.2017, VIII R 13/15, BFHE 259, 535, Rdn. 11 S. 2.

63 Ebenda.

64 BFH v. 24.10.2017, VIII R 13/15, BFHE 259, 535, Rdn. 12.

65 BGBl I 1993, 2310.

66 Auslöser für die Anpassung der gesetzlichen Übergangsregelung war das Urt. des BFH v. 4.12.2007, VIII R 53/05, BStBl II 2008, 563 zu Indexzertifikaten mit Garantiezusage (eingehend – Auslöser – dazu: *Buge* in: Herrmann/Heuer/Raupach, EStG, § 20, Rz. 512, Stand: 262. Lieferung 02.2014; s. a. *Haberland*, BB 2014, 2328, 2331 f. [siehe dort Fn. 13, 15 u. 17]).

67 Vgl. nur BT-Drs. 16/10189, 66 re. Sp.: *„Wollte man diese Differenzierungen der Rechtsprechung auch nach Einführung der Abgeltungsteuer fortführen, würde dies zu einer Vielzahl von Veranlagungsfällen führen, in denen die o. a. Einzelfallprüfung mitunter sehr komplizierter Finanzinstrumente vorzunehmen wäre. Dadurch würde der mit der Abgeltungsteuer angestrebte Vereinfachungseffekt konterkariert".*

68 BFH v. 12.7.2017, VIII R 48/14, BFH/NV 2018, 412, Rdn. 21; eingehend: *Haberland*, BB 2014, 2328, 2331 f.; *Buge* in: Herrmann/Heuer/Raupach, EStG, § 20, Rz. 512 (Stand: 262. Lieferung 02.2014).

69 BT-Drs. 16/10189, 66 f.

sungsrechtlicher Einordnung der hiermit verbundenen Rückwirkungsproblematik[70] beschreibt[71].

---

70 BT-Drs. 16/10189, 66 re. Sp. zweiter Absatz und 67, li. Sp. erster Absatz: *„Die vorliegende Regelung enthält eine unechte Rückwirkung, da zwar in der Vergangenheit liegende Anschaffungen betroffen sein können, aber die Rechtsfolgen erst bei Veräußerung oder Einlösung ab dem 1. Januar 2009 eintreten. Regelungen mit unechter Rückwirkung sind nach der Rechtsprechung des Bundesverfassungsgerichts grundsätzlich zulässig. Jedoch ergeben sich für den Gesetzgeber aus dem rechtsstaatlichen Prinzip der Rechtssicherheit verfassungsrechtliche Schranken, wobei Rechtssicherheit in erster Linie für den Bürger Vertrauensschutz bedeutet. Das Vertrauen des Bürgers ist namentlich enttäuscht, wenn das Gesetz einen entwertenden Eingriff vornimmt, mit dem der Betroffene nicht zu rechnen brauchte, den er also auch bei seinen Dispositionen nicht berücksichtigen konnte. Indessen kann sich der Einzelne dann nicht auf den Schutz seines Vertrauens berufen, wenn sein Vertrauen auf den Fortbestand einer ihm günstigen Regelung eine Rücksichtnahme durch den Gesetzgeber billigerweise nicht beanspruchen darf (vgl. BVerfGE 68, 287 [307]; 63, 152 [175]). Der Bürger kann grundsätzlich nicht darauf vertrauen, dass der Gesetzgeber Steuervergünstigungen und steuerliche Freiräume aufrechterhält sowie von der Erhebung zusätzlicher Steuern absieht (vgl. BVerfGE 63, 312 [330 f.] m. w. N.). Der verfassungsrechtliche Vertrauensschutz geht nicht so weit, den Begünstigten vor jeder Enttäuschung seiner Erwartungen in die Dauerhaftigkeit der Rechtslage zu bewahren; vielmehr müssen auf seiner Seite gewichtige zusätzliche Interessen angeführt werden können, die den öffentlichen Interessen vorgehen (BVerfGE, a. a. O. [331]) Ein derartiges überwiegendes schutzwürdiges Vertrauen der Bürger ist hier nicht gegeben. Vertrauen auf die Nichtsteuerbarkeit von Kursgewinnen bestimmter Finanzinnovationen kann sich allenfalls nur bei deren Anschaffung nach der angeführten Rechtsprechung des Bundesfinanzhofes gebildet haben, denn zuvor ergab sich aus dem Gesetzeswortlaut, dass bei allen Finanzprodukten im Sinne des § 20 Abs. 2 Satz 1 Nr. 4 EStG a. F. generell die Emissionsrendite oder Marktrendite zu versteuern ist. Davon abgesehen ist jedenfalls von einem überwiegenden öffentlichen Interesse an einer einfachen und praktikablen Abgeltungsteuer auszugehen, zumal sich die vorliegende Regelung auch zu Gunsten des Steuerpflichtigen auswirken kann.".*

71 BT-Drs. 16/10189, 66 f. im Wortlaut: *„Bei Kapitalforderungen im Sinne des § 20 Abs. 2 Satz 1 Nr. 4 EStG in der am 31. Dezember 2008 anzuwendenden Fassung (a. F.) sieht die Übergangsregelung in § 52a Abs. 10 Satz 7 EStG vor, dass bei Veräußerung oder Einlösung generell der als Unterschied zwischen Erlös und Anschaffungskosten zu ermittelnde Gewinn oder Verlust den Abgeltungsteuerregelungen unterliegt. Auf Grund jüngster Rechtsprechung des Bundesfinanzhofes ist zweifelhaft geworden, wie bestimmte Kapitalforderungen im Rahmen der Übergangsregelung zu behandeln sind, die zwar unter den Wortlaut des § 20 Abs. 2 Satz 1 Nr. 4 Satz 1 EStG a. F. fallen, aber bei denen nach Ansicht des Bundesfinanzhofes die in den Sätzen 2 und 4 des § 20 Abs. 2 Satz 1 Nr. 4 EStG a. F. geregelten Rechtsfolgen nicht oder nur teilweise anwendbar sein. Dies soll für Kapitalforderungen gelten, bei denen eine Unterscheidung zwischen Ertrags- und Vermögensebene ohne größeren Aufwand möglich sei, und bei Produkten, die nur mit einer teilweisen Kapitalgarantie ausgestattet seien. Eine derartige Unterscheidung lässt sich jedoch nur im konkreten Einzelfall anhand einer intensiven Überprüfung der jeweiligen individuellen rechtlichen Ausgestaltung des Finanzprodukts vornehmen. Dabei gilt auch zu beachten, dass sich der Charakter des Finanzinstruments während der Laufzeit ändern kann, wenn beispielsweise die Emissionsbedingungen vorsehen, dass eine Kapitalgarantie nur wirksam wird, wenn während der Laufzeit ein bestimmter Basiswert (z. B. ein Aktienkorb) eine bestimmte Schwelle erreicht hat (sog. Lock-in-Schwelle). So wäre z. B. ein Erwerber vor Erreichen der Lock-in-Schwelle steuerrechtlich anders zu behandeln als derjenige, der nach Überschreiten dieser Grenze erwirbt. Auf Grund dieser Ausgangslage und der Vielgestaltigkeit und unüberschaubaren Zahl von Finanzinnovationen lassen sich derartige Differenzierungen im minutengenau abgerechneten Massengeschäft der Kreditwirtschaft für Zwecke des Kapitalertragsteuerabzugs nicht darstellen. Wollte man diese Differenzierung der Rechtsprechung auch nach Einführung der Abgeltungsteuer fortführen, würde dies zu einer Vielzahl von Veranlagungsfällen führen, in denen die o. a. Einzelfallprüfung mitunter sehr komplizierter Finanzinstrumente vorzunehmen wäre. Dadurch würde der mit der Abgeltungsteuer angestrebte Vereinfachungseffekt konterkariert. Aus diesen Gründen sieht die Ergänzung des § 52 Abs. 10 Satz 7 EStG vor, dass es ab 2009 für die steuerrechtliche Behandlung eines Finanzprodukts ausschließlich darauf ankommt, dass es unter den Wortlaut des § 20 Abs. 2 Satz 1 Nr. 4 EStG a. F. fällt. Eine theoretisch mögliche Unterscheidung zwischen Ertrags- und Vermögensebene – die*

17

Hiervon unberührt bleibt die Erkenntnis, dass der Gesetzgeber mit dem geänderten Tatbestand (§ 20 Abs. 2 Satz 1 Nr. 7 in Verbindung mit § 20 Abs. 1 Nr. 7 EStG) Gewinne aus der Veräußerung von sonstigen Kapitalforderungen jeder Art – mithin ungeachtet der Bezeichnung und der zivilrechtlichen Ausgestaltung – als Einkünfte aus Kapitalvermögen erfasst, wenn die Rückzahlung des Kapitalvermögens oder ein Entgelt für die Überlassung des Kapitalvermögens zur Nutzung zugesagt oder geleistet worden ist, auch wenn die Höhe der Rückzahlung oder des Entgelts von einem ungewissen Ereignis abhängt. Damit spielt – auch durch die Einführung einer speziell abgefassten Veräußerungskomponente als Auffangtatbestand (§ 20 Abs. 2 Satz 1 Nr. 7) – die noch bis zum Veranlagungszeitraum 2008 zu stellende Frage, ob für diverse Finanzinnovationen eine Unterscheidung zwischen Ertrags- und Vermögensebene ohne größeren Aufwand möglich sei[72] ab dem Jahre 2009 keine Rolle mehr.

Wenn also diese beiden Normen, nämlich § 20 Abs. 2 Satz 1 Nr. 7 (Veräußerungserlöse) und § 20 Abs. 1 Nr. 7 EStG (laufende Erträge), im Rahmen der Abgeltungsteuerschedule dafür Sorgen tragen, dass insbesondere bei den (echten und unechten) Finanzinnovationen eine steuerliche „Vollerfassung" gewährleistet ist, so bedeutet dies nicht weniger und nicht mehr, dass (eben nur) für diese Fälle eine (punktuelle) Ausweitung der Steuerpflicht ins Werk gesetzt worden ist.

Mit dieser Ausweiterung der Bemessungsgrundlage im (wörtlich definierten) Rahmen der von § 20 Abs. 2 Satz 1 Nr. 7 und § 20 Abs. 1 Nr. 7 EStG umfassten Sachverhalte, lässt sich jedoch nicht (gleichsam zusätzlich) herleiten, der Gesetzgeber habe „eine vollständige steuerrechtliche Erfassung aller Wertveränderungen im Zusammenhang mit Kapitalanlagen"[73] bzw. eine (insofern vollständige) Aufgabe der „traditionellen quellentheoretischen Trennung von Vermögens- und Ertragsebene für Einkünfte aus Kapitalvermögen"[74] erreichen wollen.

---

im Rahmen der Abgeltungsteuer für neu angeschaffte Kapitalanlagen ohnehin wegfällt – und eine nur teilweise Kapitalgarantie sind hingegen unbeachtlich. Aus Sicht des Steuerpflichtigen kann sich diese Regelung sowohl belastend als auch – in Verlustfällen – begünstigend auswirken. /... / Die Änderung ist nach der allgemeinen Anwendungsregelung in § 52 Abs. 1 EStG in der Fassung des vorliegenden Änderungsgesetzes erstmals für den Veranlagungszeitraum 2009 anzuwenden.".

72 Erfordernis aus der Erkenntnis von Rechtsprechung zu Alt-Normen: BT-Drs. 16/10189, 66 re. Sp. o.
73 BFH v. 24.10.2017, VIII R 13/15, BFHE 259, 535, Rdn. 11 S. 1.
74 BFH v. 24.10.2017, VIII R 13/15, BFHE 259, 535, Rdn. 11 S. 2.

So geht der VIII. Senat aber gerade vor[75] und überdehnt damit nicht nur den Sinn- und Inhalt der beiden in Rede stehenden Normen (s.o.), sondern auch den ins Gesetz gegossenen Willen des Gesetzgebers, welcher wie beschrieben nur eine Klärung für Finanzinnovationen im Verhältnis zum bisherigen Recht (Gesetzes- und Richterrecht[76]) herbeiführen wollte: Aus den – nur im Kontext zu erschließenden – Materialen[77] ist wie erwähnt gut zu ersehen, dass die vom VIII. Senat ohnedies nur fragmentarisch zitierte (*„theoretisch mögliche Unterscheidung zwischen Ertrags- und Vermögensebene [...] im Rahmen der Abgeltungsteuer für neu angeschaffte Kapitalanlagen ohnehin wegfällt"*[78]) Formulierung der Gesetzesbegründung zur angepassten Übergangsvorschrift, sich auf Kapitalanlagen, im Verständnis von Finanzinnovationen, welche ab dem Jahre 2009 von § 20 Abs. 2 Satz 1 Nr. 7 in Verbindung mit § 20 Abs. 1 Nr. 7 EStG erfasst werden, bezieht[79].

Zu beachten ist zudem, dass die hier in Rede Ergänzung einer Übergangsregelung in einem erst später ergangenen Gesetzeswerk, nämlich dem am 19.12.2008 verabschiedeten JStG 2009[80] verabreicht wurde, weshalb es – einmal mehr – als fernliegend zu beurteilen ist, wenn der VIII. Senat vorträgt, mit dem – nämlich ganze 16 Monate zuvor verabschiedeten – UntStRefG 2008 vom 14.8.2007[81] habe der Gesetzgeber eine umfassende Wertzuwachsbesteuerung für *alle* (nur denkbaren) Kapitalanlagen ins Werk gesetzt.

4. „Risiko Literatur" und das Ausklammern der anderen Ansicht

Bei der Rechtsfindung vornehmlich auf Literatur zu setzen, kann ein Wagnis sein. Für die vom VIII. Senat in dessen Rdn. 11[82] – als Rechtfertigung einer vermeintlich vollständigen Wertzuwachsbesteuerung – angeführte Literatur-

---

75 Wenn er in BFH v. 24.10.2017, VIII R 13/15, BFHE 259, 535, Rdn. 11 im Ergebnis eine generelle Wertzuwachsbesteuerung für Kapitalanlagen beschreibt um diese in BFH v. 24.10.2017, VIII R 13/15, BFHE 259, 535, Rdn. 12 mit der beschriebenen Übergangsregelung samt Gesetzesbegründung zu erwiesen.

76 Siehe Fn. 66.

77 BT-Drs. 16/10189, 66 f.

78 Stark verkürztes – sinnentstellendes – Zitat aus der Gesetzesbegründung in BFH v. 24.10.2017, VIII R 13/15, BFHE 259, 535, Rdn. 12 S. 2.

79 Vgl. dazu nochmals: BFH v. 12.7.2017, VIII R 48/14, BFH/NV 2018, 412, Rdn. 21.

80 BGBl. I 2008, 2794.

81 BGBl. I 2007, 1912.

ansicht ist jedenfalls keine maßgebliche Änderung des Primärrechts – des Gesetzesrechts – ab dem Jahre 2009 ersichtlich:

Mit Einführung der Abgeltungsteuer durch das UntStRefG 2008[83] ist keine umfassende – über die Tatbestände des § 20 Abs. 2 EStG hinausgehende – Wertzuwachsbesteuerung ins Recht gesetzt worden[84] (s.o. Ziff. 3).

Bei näherer Verprobung der Entscheidungsgründe fällt zudem auf, dass der VIII. Senat lediglich die *für* seine Ansicht sprechenden Literaturstimmen zitiert[85]. Eine Befassung mit den Argumenten der *„anderen Ansicht"* in der Literatur[86] sucht man in den Gründen des VIII. Senates hingegen vergebens.

Hier *sieben* Beispiele für eine *„andere Ansicht"*, welche bereits vor dem Ergehen der Entscheidung VIII R 13/15[87] bekannt und zugänglich waren:

Gast[88] hatte im Jahre 2013 eingehend begründet vorgetragen, die Norm des § 20 Abs. 2 EStG realisiere zwar eine ausgeprägtere Substanzerfassung als bislang, nicht jedoch eine generelle steuerliche Verstrickung der Vermögenssphäre (kein Paradigmenwechsel)[89]. Diese Erkenntnis liegt auch einem Beitrag von *Dahm/Hamacher*[90] aus dem Jahre 2008 zu Grunde: Es sei bei punktuellen Regelungen verblieben und insbesondere sei kein steuerlich verstrickter Vermögensbereich entstanden.

Kleinsmann[91] (2009) erkennt dies ebenso und trägt im Ergebnis vor, allein eine Gesetzesänderung könne etwa dem Forderungsausfall zum steuerlichen Abzug verhelfen. *Ratschow*[92] trägt in den Jahren 2015 bzw. 2016 eingehend begründend vor, de lege lata lasse sich eine Steuerbarkeit des Forderungs-

---

82 BFH v. 24.10.2017, VIII R 13/15, BFHE 259, 535, Rdn. 11.
83 Unternehmensteuerreformgesetz 2008 v. 14.8.2007, BGBl. I 2007, 1912.
84 *Stein* (Fn. 48), 19.
85 BFH v. 24.10.2017, VIII R 13/15, BFHE 259, 535, Rdn. 11.
86 Ewa: *Jochum*, in: Kirchhof/Söhn, EStG, § 20, Stand: März 2017 [277. Aktual.], Rdn. **D/9: 18, 22, 23, 25.**
87 BFH v. 24.10.2017, VIII R 13/15, BFHE 259, 535.
88 *Gast*, Die steuerliche Berücksichtigung von Darlehensverlusten des Gesellschafters einer Kapitalgesellschaft, Berlin 2013 (ISBN 978-3-643-12026-7), 145 ff, insbesondere: 148.
89 Im Jahre 2015 zustimmend: *Stein* (Fn. 234), 66.
90 *Dahm/Hamacher*, DStR 2008, 1910, 1917.
91 *Kleinsmann*, DStR 2009, 2359, 2361 (Ziff. 5), s. a. 2360 (Ziff. 2.3).
92 *Ratschow* in Blümich, EStG, § 20, Rz. 353c (Stand: 08/2015); siehe zudem Rz. 393 (Stand: 11/2016): *„Der bloße Ausfall einer Forderung oder das Wertloswerden eines Wertpapiers .. können nicht unter Abs. 2 Satz 2 subsumiert werden"*; Rz. 390 (Stand: 11/2016): *„In allem Fällen* [Verf.: des § 20 Abs. 2 Satz 2 EStG] *liegt ... eine Veräußerung nicht vor"*; Rz. 353b (Stand: 08/2015): *„Dem ist entgegenzuhalten, dass die genannten Vorgänge den Veräußerungsbegriff gerade nicht erfüllen und dass eine rechtsschöpferische Erweiterung des Besteuerungstatbestands gegen den Willen des Gesetzgebers*

20

ausfalls nicht begründen. *Jochum*[93] trägt im Jahre 2017 – gleichfalls eingehend begründend – vor, der Forderungsausfall lasse sich nicht, auch nicht im Wege einer Analogie[94], unter die Norm des § 20 Abs. 2 Satz EStG subsumieren. *Buge*[95] etwa notiert im Jahre 2014: *"Ebenso wenig können Wertverluste am Kapitalvermögen selbst stl. berücksichtigt werden. Sie berühren nicht die Einkunftssphäre, sondern sind auf der strechtl. unbeachtlichen Vermögensebene angesiedelt. Dies gilt nach wie vor auch für § 20 trotz der Einführung einer Wertzuwachsbesteuerung in Abs. 2. "*[96].

Auch *Mathäus*[97] erkennt in einer gründlichen Arbeit aus dem Jahre 2016 eine Steuerbarkeit des privaten Forderungsausfalls letztlich nicht[98].

---

mangels einer Regelungslücke grds. ausscheidet. ".

93 *Jochum*, in: Kirchhof/Söhn, EStG, § 20, Stand: März 2017 [277. Aktualisierung], Rdn. D/9: 18, 22, 23, 25; siehe etwa Rdn. D 9/18: *" ... So wird vertreten, dass es sich beim Forderungsausfall um eine "Veräußerung", eine "Rückzahlung zu null" oder um eine "Einlösung" handele. Diesen Stimmen ist jedoch entgegenhalten, dass beim Forderungsausfall die Merkmale der einzelnen Realisationstatbestände nicht erfüllt sind. ... führt doch kein Weg daran vorbei, dass der Sachverhalt des Forderungsausfalls von einem bestimmten Steuertatbestand erfasst werden müsste ... Beim Forderungsausfall kommt es jedoch weder zu einer Rückübertragung des überlassenen Kapitals noch zur Erbringung der versprochenen Leistung. Daher verbietet es der Wortlaut des § 20 Abs. 2 Satz 2 EStG, einen Forderungsausfall unter den Tatbestand der Norm zu subsumieren. ".*

94 *Jochum*, in: Kirchhof/Söhn, EStG, § 20, Stand: März 2017 [277. Aktualisierung], Rdn. D 9/23: *"Gegen die Begründung einer verfassungswahrenden Analogie spricht bereits das Fehlen der Planwidrigkeit einer Regelungslücke ... Vielmehr liegt der Schluss nahe, dass der Gesetzgeber bewusst auf eine umfassende Verlustberücksichtigung verzichtet hat. ... ; dies gilt umso mehr, als dem Gesetzgeber die hergebrachte, kontroverse Diskussion der steuerlichen Berücksichtigung des Vermögensverlusts bei Forderungsausfall bekannt war. Der § 20 Abs. 2 Satz 2 ist mit der Aufzählung der Veräußerungssurrogate dessen ungeachtet so explizit so formuliert, dass lediglich eine Besteuerung des Vermögenszuwachses gewährleistet wird. Mit der Bildung einer Analogie überschreitet der Rechtsanwender nicht nur diese Wortlautgrenze; vielmehr setzt er sich zugleich über den subjektiven Willen des historischen Gesetzgebers hinweg. ";* siehe auch Rdn. D 9/25: *"Stattdessen ist anzuerkennen, dass § 20 Abs. 2 Satz 2 lediglich Veräußerungssurrogate bestimmt, also Ersatztatbestände, die neben die klassische Veräußerung als entgeltliche Übertragung auf einen Dritten treten. Diesen Ersatztatbeständen ist nach dem Willen des Gesetzgebers ein entscheidendes Merkmal gemeinsam: die Entgeltlichkeit. Sowohl bei der dort aufgeführten Einlösung, der Rückzahlung als auch bei der Abtretung ... wie auch bei der verdeckten Einlage erhält der Gläubiger etwas, das wirtschaftlich an die Stelle der Forderung tritt, die aus seinem Vermögen ausscheidet. Damit liegt § 20 Abs. 2 Satz 2 die allgemeine Regel der Entgeltlichkeit der erfassten Vorgänge zugrunde. Wenn es aber richtig ist, dass es entscheidend auf die Entgeltlichkeit des Vorgangs ankommt, kann der Forderungsausfall nicht im Wege des Analogieschlusses in den Anwendungsbereich dieser Norm gezwängt werden. Eine Gegenleistung im Wert von null oder nahe null ist eben kein Entgelt. ".*

95 *Buge* in: Herrmann/Heuer/Raupach, EStG, § 20, Rz. 6 (Stand: 262. Lieferung 02.2014).

96 *Im Ergebnis* – keine Wertzuwachsbesteuerung über die geschriebenen Tatbestände hinaus – *ebenso*: FG Düsseldorf v. 11.3.2015, 7 K 3661/14 E, Rdn. 11 (nachgehend a.A.: BFH v. 24.10.2017, VIII R 13/15, BFHE 259, 535); FG Düsseldorf v. 23.11.2016, 7 K 2175/16 F (Rev.: VIII R 34/16); FG Köln v. 18.1.2017, 9 K 267/14, Rdn. 51 (Rev. X R 9/17); FG Berlin-Brandenburg v. 20.1.2016, 14 K 14040/13 (Rev.: VIII R 18/16); Hessisches FG v. 12.4.2018, 9 K 1053/15 (Rev.: IX R 17/18).

97 *Mathäus*, FR 2016, 888.

98 Zudem gehen *Helios/Link*, DStR 2008, 386 wie *Bode*, DStR 2009, 1781 davon aus, der Untergang einer Kapitalforderung stelle keine Veräußerung im Sinne des § 20 Abs. 2 S. 2 EStG dar.

Die Einschätzung der *sieben* genannten Literaten[99] geht mit dem *hier* gefundenen Auslegungsergebnis konform: Es sind – wie erwähnt – keine Anhaltspunkte offenbar, wonach der Gesetzgeber die Vermögenssphäre bei den in § 20 Abs. 2 EStG gesetzten Tatbeständen umfassend bzw. unter Verzicht auf eine (dort jeweils genau bestimmte) Realisation berücksichtigen wollte[100].

„Verluste", die außerhalb der normierten Veräußerungstatbestände (samt Ersatztatbeständen) entstehen, sind auch unter dem Regime der Abgeltungsteuer ab 2009 steuerlich unbeachtlich[101] und der Wortlaut des § 20 Abs. 2 Satz 2 EStG schließt den Forderungsausfall – diese Evidenz übergeht der VIII. Senat des BFH[102] – nicht mit ein[103].

Überhaupt scheint es, als sei dem VIII. Senat die Kompetenz zu redlicher Auswertung von Literatur vorübergehend abhanden gekommen; wir erinnern uns: Ausnehmend keck war der Senat in seiner Stillhalter-Entscheidung VIII R 55/13[104] vorgegangen als er sechs Literatur-Quellen zur Bekräftigung seiner Auslegung anführte, obgleich keine dieser Quellen für eine solche Subsumtion streitet[105].

5. Bezugnahme auf BFH IX R 57/13 unbehilflich

Schwer nachvollziehbar ist die Bezugnahme des VIII. Senates auf die Entscheidung des IX. Senates IX R 57/13[106], um zu erklären, die Übertragung wertloser Wirtschaftsgüter ohne Gegenleistung führe zu einem Verlust[107].

Damit will der VIII. Senat auf die Wertlosigkeit der im Streit stehenden privaten (Rest-)Forderung hinaus[108]. Doch nämliche Wertlosigkeit stand ohnedies

---

99 Vgl. zudem: *Schmitt-Homann*, BB 2010, 351, 353 f. [Ziff. III.3]): Dieser erkannte im Jahre 2010 an, die Auffassung der Finanzverwaltung zum Forderungsausfall sei „mangels eindeutigen Realisationstatbestands" naheliegend; s.a. *Neumann*, GmbH-StB 2008, 361, 363: *„Fraglich ist aber, ob der Forderungsausfall eine Rückzahlung zu „Null" darstellt ... Dies ist m.E. zu verneinen (Ähnlich BFH v. 19.12.2007, IX R 11/06, BStBl II 2008, 519 zum Verfallen einer Option"*; ähnlich *Bayer*, DStR 2009, 2397, 2401.

100 *Stein*, Update 2017: Die verfallene Option in der Abgeltungsteuer, Norderstedt 2017 (ISBN 978-3-743-15197-0), 62.

101 *Stein* (Fn. 234), 66.

102 *Stein* (Fn. 48), 25.

103 Einwandfrei: FG Düsseldorf v. 11.3.2015, 7 K 3661/14 E, Rdn. 11 (nachgehend a.A.: BFH v. 24.10.2017, VIII R 13/15, BFHE 259, 535); *Jochum*, in: Kirchhof/Söhn, EStG, § 20, Stand: März 2017 [277. Aktual.], Rdn. **D/9: 18, 22, 23, 25**.

104 BFH v. 20.10.2016, VIII R 55/13, BStBl II 2017, 264

105 *Philipowski*, DStR 2017, 1362, 1365 f.; *Stein* (Fn. 48), 29.

106 BFH v. 12.5.2015, IX R 57/13, BFH/NV 2015, 1364.

107 BFH v. 24.10.2017, VIII R 13/15, BFHE 259, 535, Rdn. 17 S. 1.

108 *Stein* (Fn. 48), 21.

22

außer Streit: Bei Feststellung der Uneinbringlichkeit einer Forderung wird diese – nun einmal – wertlos.

Mit einer Veräußerung hat dieses Wertloswerden jedoch nichts gemein, denn es fehlt an einer Übertragung des Eigentums auf einen Dritten[109]. Es ist zudem keine Nähe zum Sachverhalt der Sache IX R 57/13[110] ersichtlich[111]: Dort ging es um Aktien einer amerikanischen Gesellschaft, die auf Grundlage eines Insolvenzplanverfahrens nach US-amerikanischen Recht eingezogen und auf die Gläubiger der Aktiengesellschaft übertragen wurden.

Der IX. Senat hatte einen Rechtsträgerwechsel der dort im Streit stehenden Aktien bejaht und – folglich – erkannt, die Einziehung dieser Aktien samt deren Übergang auf die Gläubiger sei als Veräußerung[112] zu qualifizieren.

Die vom VIII. Senat hieraus hergeleitete Gleichstellung einer Forderungsveräußerung mit einem Forderungsausfall[113] bleibt also unverständlich: Mag die Übertragung wertloser Aktien ohne Gegenleistung zu einem Kapitalverlust führen[114]. Für den (faktischen) Untergang einer privaten Forderung ohne weiteres Zutun (mithin ohne Herbeiführung eines Rechtsträgerwechsels) gilt dies – das *übersieht* neben dem VIII. Senat des BFH auch *Jachmann-Michel*[115] – de lege lata nicht[116].

6. Jenseits der Steuerbarkeit: Keine Minderung steuerlicher Leistungsfähigkeit

Der VIII. Senat argumentiert zudem mit der Einbuße von Leistungsfähigkeit.

Der BFH trägt im Ergebnis vor, wenn die Veräußerung einer (nahezu wertlosen) Forderung (zu Null) zu einem Kapitalverlust führe, so müsse dies – wegen einer in beiden Fällen eingetretenen Einbuße der wirtschaftlichen Leistungsfähigkeit des Steuerpflichtigen – auch bei fehlender Veräußerung der Forderung (zit: „... *wenn er sie behält*") gelten[117].

---

109 Wie der VIII. Senat treffend feststellt: BFH v. 24.10.2017, VIII R 13/15, BFHE 259, 535, Rdn. 15 S. 1 u. 2.
110 BFH v. 12.5.2015, IX R 57/13, BFH/NV 2015, 1364.
111 *Stein* (Fn. 48), 21.
112 Dort – BFH v. 12.5.2015, IX R 57/13, BFH/NV 2015, 1364 – im Sinne des § 20 Abs. 2 S. 1 Nr. 1 EStG.
113 BFH v. 24.10.2017, VIII R 13/15, BFHE 259, 535, Rdn. 17 S. 1 Hs. 2.
114 Strittig: *Bejahend*: BFH v. 12.5.2015, IX R 57/13, BFH/NV 2015, 1364; *Verneinend*: FG Düsseldorf v. 23.11.2016, 7 K 2175/16 F (Rev.: VIII R 34/16), betr. entschädigungslose Einziehung von Aktien
115 *Jachmann-Michel*, BB 2018, 854, 858.
116 *Stein* (Fn. 48), 21.
117 BFH v. 24.10.2017, VIII R 13/15, BFHE 259, 535, Rdn. 17 S. 2 und 3.

Damit setzt der VIII. Senat – wenngleich mit anderen Worten – erneut den Ausfall einer Forderung mit deren Veräußerung gleich, was jedoch schon in Ermangelung eines Rechtsträgerwechsels ausgeschlossen ist[118].

Sonach geht aber auch der Einwand verminderter Leistungsfähigkeit ins Leere: Ist der Vorgang – sofern kein Gestaltungsmissbrauch vorliegt usw. – im gesetzlich vorgesehenen Veräußerungsfalle steuerbar, wird eine verminderte Leistungsfähigkeit des Steuerpflichtigen auch steuerlich abgebildet, etwa in Gestalt eines Kapitalverlustes.

Liegt der Vorgang, wie beim bloßen Ausfall einer Forderung, indessen jenseits der Steuerbarkeit[119], liegt ein einkommensteuerrechtlich unbeachtlicher Vermögensschaden vor, so dass sich der Steuerpflichtige – mangels steuerlicher Verstrickung seines eingesetzten Kapitals – nicht auf das (im Leistungsfähigkeitsgedanken mitgedachte und einfachrechtlich in § 2 Abs. 2 EStG verankerte) objektive Nettoprinzip berufen kann[120].

7. Gesetzgeber darf vom – einfachrechtlichen – Nettoprinzip abweichen

Das einzige Einfallstor im Geist der Erkenntnis VIII R 13/15[121] könnte – falls überhaupt – die Konstitution bereitstellen[122]. Eine solche Argumentation wäre jedoch kaum überzeugend zu führen, denn dem Gesetzgeber steht es im Rahmen seines weiten Gestaltungsspielraums frei, vom einfachrechtlichen Leitmotiv einer Nettobesteuerung insoweit abzuweichen, als er die Leistungsfähigkeit des Inhabers einer Forderung im Privatvermögen spezialgesetzlich im Sinne einer Art Gewinnfallbesteuerung – umfassende Besteuerung positiver Wertänderungen bei Realisation (etwa: Veräußerung) bei gleichzeitigem selektiven Ausschluss von Wertverlusten des Kapitalstamms, welche sich ohne Realisation einstellen – anderweitig definiert.

Steuerverstrickte Erwerbsausgaben liegen de lege lata nur dann vor, wenn das Gesetz auf den Vorgang zugreift und beim bloßen Erlöschen einer Rechtsposition (hier: Wertloswerden einer Forderung durch Uneinbringlich-

---

118 *Stein* (Fn. 48), 22.
119 Siehe auch: Fehlende Benennung der Veräußerung in der abschließenden Aufzählung in § 20 Abs. 2 S. 2 EStG.
120 *Stein* (Fn. 100), 25, 42 f.; *Stein* (Fn. 48), 19
121 BFH v. 24.10.2017, VIII R 13/15, BFHE 259, 535.
122 Eingehend: *Kellersmann*, FR 2012, 57.

keit) besteht kein Bezug zur Norm des § 20 (hier: Abs. 2 S. 1 Nr. 7 i.V.m. S. 2) EStG. Mit der Schaffung der Abgeltungsteuerschedule folgte der Gesetzgeber konsequent – wie folgerichtig umgesetzt – dieser Maxime: Gewinnfallbesteuerung unter Einbindung rechtsgeschäftlich realisierter Wertverluste. Eine Argumentation mit vermeintlich fehlender Folgerichtigkeit würde also kaum überzeugen können:

Die in § 20 Abs. 2 S. 2 EStG beschränkte Auswahl an Ersatztatbeständen, welche den Forderungsausfall nicht einschließen, ist organisch eingebunden in ohnedies stark schedulisiertes Recht[123]. Mit der Norm des § 20 Abs. 9 EStG liegt bereits eine Durchbrechung des Prinzips der Reineinkünfte (§ 2 Abs. 2 EStG) und mit der Norm des § 2 Abs. 5b EStG eine Abkehr vom Prinzip der Einheitssteuer (vgl. § 2 Abs. 3 EStG) vor. Der Gesetzgeber konnte sich in seiner Rolle als Erstinterpret der Verfassung also darauf berufen, der in der Norm des § 20 Abs. 2 S. 2 EStG nicht gesondert erwähnte Forderungsausfall entspreche dem Geist dieses Binnensystems (vgl. auch § 20 Abs. 6 und 9 EStG).

8. Zum Hinweis auf § 20 Abs. 6 EStG

a) Ungenau und der Auslegung nicht dienlich

Die Entscheidung VIII R 13/15[124] weist schließlich darauf hin, die *„etwaige Gefahr einer ausufernden Verlustnutzung"* werde durch die Norm des § 20 Abs. 6 EStG begrenzt. Der VIII. Senat formuliert dies wie folgt[125]:

„Die etwaige Gefahr einer ausufernden Verlustnutzung bei Berücksichtigung von Forderungsausfällen steht derjenigen beim Verkauf einer Darlehensforderung gleich und wird im Übrigen schon durch die nach § 20 Abs. 6 EStG beschränkte Verrechenbarkeit von Verlusten bei den Einkünften aus Kapitalvermögen begrenzt (vgl. BFH-Urteile vom 12. Januar 2016 IX R 48/14, BFHE 252, 423, BStBl II 2016, 456; IX R 49/14, BFHE 252, 430, BStBl II 2016, 459; IX R 50/14, BFHE 252, 436, BStBl II 2016, 462)".

Der Argumentationswert dieser Einlassung erschließt sich jedoch nicht[126]:

---

123 *Stein* (Fn. 48), 23
124 BFH v. 24.10.2017, VIII R 13/15, BFHE 259, 535.
125 BFH v. 24.10.2017, VIII R 13/15, BFHE 259, 535, Rdn. 18.
126 *Stein* (Fn. 48), 24.

Erstens: Wer auf den durch § 20 Abs. 6 EStG beschränkten Ausgleich von Kapitalverlusten hinweist, darf nicht verschweigen, dass diese Norm in einigen Fällen nicht gilt[127], weshalb – folgte man der Auslegung in BFH VIII R 13/15[128] – bei einem Forderungsausfall auch ein umfassender Verlustausgleich mit tarifbesteuerten Einkünften möglich sein könnte[129].

Zweitens: Ungeachtet dieser Ungenauigkeit kann diese Andeutung des BFH auch für den Auslegungsvorgang selbst keinen Erkenntnisgewinn erbringen. Ein Blick auf die Frage, ob das Gesetz Verluste vollständig (nach § 2 Abs. 3 EStG) oder eingeschränkt (nach § 20 Abs. 6 EStG, lex specialis, siehe auch § 2 Abs. 5b EStG) zum Ausgleich mit anderen positiven Einkünften zulässt, kann nichts zur Beantwortung der ganz anderen Frage beitragen, ob der Vorgang eines (schlichten) Ausfalls einer Forderung, der nur im Falle seiner Steuerbarkeit zu einem Verlust führte, steuerbar ist (Auslegungs-Ausgangs-Frage).

Diese Frage wäre auch dann unbeantwortet, wenn die Schedulenregel des § 20 Abs. 6 EStG (samt § 2 Abs. 5b EStG) nicht existierte und sonach ein Vollausgleich gemäß § 2 Abs. 3 EStG vorzunehmen wäre[130].

b) „Argument" beliehen vom IX. Senat des BFH

aa) Hinweis auf das Optionskäufer-Urteil IX R 48/14[131] (geltendes Recht)

Der gleichsam als Zusatzargument verwendete Hinweis, die *„etwaige Gefahr einer ausufernden Verlustnutzung"* werde durch die Norm des § 20 Abs. 6 EStG begrenzt[132] (siehe oben), entstammt – worauf der VIII. Senat auch hinweist[133] – einer Entscheidung des IX. Senates, nämlich dem Optionskäufer-Urteil IX R 48/14[134] zu geltendem Recht vom 12.1.2016. Dort hatte der IX. Senat ausgeführt[135]:

---

127 Die maßgebenden Rechtsvorschriften hierfür sind: § 32d Abs. 2 Nr. 1 Buchst. a, b und c, S. 2 EStG.
128 BFH v. 24.10.2017, VIII R 13/15, BFHE 259, 535.
129 FG Münster v. 12.3.2018, 2 K 3127/15 E (Rev.: **IX R 9/18**), Rdn. 52 (§ 32d Abs. 2 Nr. 1 Buchst. b EStG); *Förster*, DB 2018, 336, 339; *Moritz/Strohm*, BB 2018, 542, 546; *Fuhrmann*, NWB 2017, 4003, 4010; *Weiss* in: EStB 2018, 47; NWB 2018, 544, 550; GmbHR 2018, 587; Ubg 2018, 394, 398; *Jachmann-Michel*, jurisPR-SteuerR 20/2018 Anm. 4 (Abschn. D); *Ott* in: StuB 2018, 345, 347; DStZ 2018, 179, 189.
130 *Stein* (Fn. 48), 23.
131 BFH v. 12.1.2016, IX R 48/14, BStBl II 2016, 456.
132 BFH v. 24.10.2017, VIII R 13/15, BFHE 259, 535, Rdn. 18.
133 BFH v. 24.10.2017, VIII R 13/15, BFHE 259, 535, Rdn. 18, Zitate a.E; dort auch de Hinweis auf die nahezu gleichlautende Schwester-Entscheidung selben Datums (12.1.2016): IX R 49/14, BStBl II 2016, 459.
134 BFH v. 12.1.2016, IX R 48/14, BStBl II 2016, 456.
135 BFH v. 12.1.2016, IX R 48/14, BStBl II 2016, 456, Rdn. 20.

„Der Gefahr einer ausufernden Verlustnutzung wird dabei schon durch die nach § 20 Abs. 6 EStG beschränkte Verrechenbarkeit von Verlusten bei den Einkünften aus Kapitalvermögen Grenzen gesetzt".

Diese Äußerung des IX. Senates war bei näherer Untersuchung[136] als kryptisch einzustufen, weil sie – zusammenhanglos – als letzter Satz an die Rdn. 20[137] angefügt worden war, ohne dass sich ein Bezug zum bisherigen Vortrag des IX. Senates oder zum dort in Rede stehenden Sachverhalt erkennen ließ. Im Einzelnen:

aaa) Fehlender Zusammenhang mit sonstigen Gründen und Tatbestand

Der vom IX. Senat erstrebte Begründungsnutzen bleibt insbesondere deshalb offen, weil (a) der vierte Satz in Rz 20[138] keinen Bezug zum vorhergehenden Satz 3 in Rz 20[139] (zur Frage Leistungsfähigkeit) aufnimmt und (b) auch nicht aufklärt, aus welchem Begründungszusammenhang heraus eine Antwort zu einer *„Gefahr einer ausufernden Verlustnutzung"* gefunden werden musste[140]. Der vom IX. Senat unter I. formulierte Sachvortrag[141] lässt nämlich nicht erkennen, dass einer der Beteiligten (Kläger, Finanzamt, BMF) die „Verlust-Nutzungs-Frage" überhaupt nur angesprochen hätte und auch der IX. Senat selbst hat sie an keiner anderen Stelle seiner Begründung behandelt.

bbb) Fehlender Zusammenhang mit der maßgeblichen Rechtsfrage

Jedenfalls „borgt" sich der VIII. Senat diese Erwägung des IX. Senates zwecks Ergänzung seiner Forderungsausfall-Begründung „aus". Dies ist aus mehreren Gründen[142] bemerkenswert. Wie oben angeführt lässt die Sache IX R 48/14[143] den Begründungsnutzen einer solchen Erwägung bereits aus formellen Erwägungen nicht erkennen (fehlender logischer Kontext mit dem Sachverhalt und den sonstigen Gründen des Senates). Aber auch in der Sache selbst – gemeint ist eine mögliche Hilfestellung zur Beantwortung der maßgeblichen Rechtsfrage (Steuerbarkeit des Optionsverfalls) – ergibt dieser Hinweis des IX. Senates keinen Sinn:

---

136 *Stein* (Fn. 100), 33 bis 35.
137 BFH v. 12.1.2016, IX R 48/14, BStBl II 2016, 456, Rdn. 20: Dritter Satz.
138 BFH v. 12.1.2016, IX R 48/14, BStBl II 2016, 456, Rdn. 20: Dritter Satz.
139 BFH v. 12.1.2016, IX R 48/14, BStBl II 2016, 456, Rdn. 20 a.E.: Vierter Satz.
140 *Stein* (Fn. 100), 34, unten.
141 BFH v. 12.1.2016, IX R 48/14, BStBl II 2016, 456, Rdn. 1 bis 11.
142 Zusammengefasst bei: *Stein* (Fn. 100), 33 ff.
143 BFH v. 12.1.2016, IX R 48/14, BStBl II 2016, 456.

Ein Blick auf die Frage, ob das Gesetz Verluste vollständig (nach § 2 Abs. 3 EStG) oder eingeschränkt (nach § 20 Abs. 6 EStG, lex specialis) zum Ausgleich mit anderen positiven Einkünften zulässt, vermochte in der Sache IX R 48/14[144] nichts zur Beantwortung der – aber entscheidungserheblichen und ganz anderen – Frage beitragen, ob der dortige Vorgang (Wertlosverfall einer Option), der nur im Falle seiner Steuerbarkeit (des Optionsverfalls) zu einem Verlust führen könnte, steuerbar ist (dortige Auslegungsfrage)[145].

Nach dem Regeln der Methode blieb also bereits die diesbezügliche Argumentation des IX. Senates ohne Aufklärung zumal Verluste innerhalb des § 20 EStG – mit Ausnahme von Verlusten aus Aktienveräußerung – ohne Weiteres mit Gewinnen aus § 20 EStG (etwa Zins- und Dividendenerträge) verrechnet werden können[146].

ccc) Analoganwendung ohne Sachgrund

Der VIII. Senat stand vor der Frage, ob der Forderungsausfall steuerbar ist oder nicht. Damit musste sich dem VIII. Senat regelrecht aufdrängen: Ein Exkurs zur – ganz anderen – Frage, ob und in welchem Umfange das Gesetz Verlustnutzungsbegrenzungen enthält, bleibt ersichtlich ohne Bezug zur entscheidungserheblichen Rechtsfrage. Hier wäre es angebracht gewesen, näher zu prüfen, ob dieser Gedanke des IX. Senates rechtslogisch Sinn ergibt, zumal dem VIII. Senat die Literatur-Analyse der Sache IX R 48/14[147] aus dem Juli 2017[148] zum Entscheidungszeitpunkt der Sache VIII R 13/15[149] (Dezember 2017) bereits seit einem halben Jahr zugänglich war[150].

bb) Hinweis auf das Optionskäufer-Urteil IX R 50/09[151] (überkommenes Recht)

Derlei Bedenkenlosigkeit führt der VIII. Senat fort, wenn er die Optionskäufer Entscheidung des IX. Senates IX R 50/09[152] zu überkommenem Recht als Quelle benennt, denn die Sache IX R 50/09[153] trifft zur *„etwaigen Gefahr einer ausufernden Verlustnutzung"* keine Aussage.

---

144 BFH v. 12.1.2016, IX R 48/14, BStBl II 2016, 456.
145 *Stein* (Fn. 100), 33, unten.
146 Vgl. *Stein* (Fn. 100), 35, oben.
147 BFH v. 12.1.2016, IX R 48/14, BStBl II 2016, 456.
148 *Stein* (Fn. 100).
149 BFH v. 24.10.2017, VIII R 13/15, BFHE 259, 535.
150 Siehe nochmals: *Stein* (Fn. 100), 33 ff.
151 BFH v. 26.9.2012, IX R 50/09, BStBl II 2013, 231.
152 BFH v. 26.9.2012, IX R 50/09, BStBl II 2013, 231.
153 BFH v. 26.9.2012, IX R 50/09, BStBl II 2013, 231.

Damit liegt – insofern – ein Fehlzitat des VIII. Senates vor. Dies unterstreicht einmal mehr die auch im Übrigen mäßige Qualität der Beweisführung der Entscheidung VIII R 13/15[154]: Der VIII. Senat legt offenkundig keinen Wert darauf, dass sich seine Entscheidung rechtslogisch erschließen lässt. Handelt es sich womöglich um eine ergebnisgeleitete Entscheidung wie *Urban*[155] meint?

c) Versuch einer Folgenbewertung?

Damit bleibt offen, welche Überlegungen den VIII. Senat veranlasst haben, sich einer solchen Argumentation zu bedienen. Bemerkenswert ist schon der sonderliche Duktus des VIII. Senates, zumal der Senat diesen nicht weiter aufklärt: Was hat der Senat mit *„etwaiger Gefahr"* und *„ausufernder Verlustnutzung"* eigentlich gemeint? Was wollte der Senat damit sagen, wenn er infolge der Begrenzung des § 20 Abs. 6 EStG der *„Gefahr einer ausufernden Verlustnutzung"* Grenzen gesetzt sieht?

Der VIII. Senat erläutert dies nicht. Falls er damit gemeint haben sollte, der Senat würde einer anderen Auslegung zuneigen können, falls die normative Verlustnutzungsbegrenzung des § 20 Abs. 6 EStG nicht existierte, wäre es zum Verständnis hilfreich gewesen, nach den Regeln der Methode aufzuklären, aus welchen Gründen im Einzelnen der Senat der Meinung ist, seine Auslegung geltenden Rechts hinge maßgeblich von der jeweiligen Ausgestaltung der (nachrangigen) Verlustnutzungsvorschriften ab.

Das fiktionale Gedankengut des VIII. Senates klärt zu alledem nichts auf: Der Hinweis auf die normative Begrenzung der Verlustnutzung könnte immerhin offen legen, dass der VIII. Senat über die Bedeutung seiner Auslegung sinniert hat.

Zu prüfen bleibt also noch, ob die in Rede stehende Einlassung zur *„etwaigen Gefahr einer ausufernden Verlustnutzung"* schon aus der Sicht des VIII. Senates gar keine Begründungsfunktion im Sinne klassischer Auslegung haben sollte. Fraglich könnte nämlich sein, ob man in dieser Einlassung des Senates den Versuch einer Folgenbewertung (Auslegungshilfsinstrument) erblicken kann[156]. Aber auch dies lässt sich letztlich nicht überzeugend vermitteln; im Einzelnen:

---

154 BFH v. 24 10.2017, VIII R 13/15, BFHE 259, 535.
155 *Urban*, Ubg 2018, 199, 203.
156 *Stein* (Fn. 48), 24.

Einmal abgesehen davon, dass dem – eher selten verwendeten – Auslegungshilfsinstrument der Folgenbewertung ohnehin kein großes Gewicht im Rahmen der Gesamtauslegung zukommt[157], nimmt der VIII. Senat des BFH in Tatsächlichkeit keine Bewertung der Auslegungskonsequenzen vor, weil die Beschränkung des § 20 Abs. 6 EStG nun einmal Gesetz ist und eine Folgenbewertung sich nur am gesetzten Recht orientieren kann und nicht daran, wie die Verhältnisse wären, wenn das Gesetz anders gesetzt wäre[158].

Der vom VIII. Senat unter Ziff. I. gegebene Sachvortrag[159] lässt jedenfalls nicht erkennen, dass einer der Beteiligten (Kläger, Finanzamt, beigetretenes BMF) die „Verlust-Nutzungs-Frage" auch nur angesprochen hätte.

Auch der VIII. Senat noch die Vorinstanz haben diese Frage an keiner anderen Stelle der Begründung behandelt. Überhaupt spricht der VIII. Senat nicht an, dass (auch) die Verlustverrechnungsbeschränkung des § 20 Abs. 6 EStG durch den gesonderten Abgeltungsteuersatz veranlasst ist[160].

Kurz: Das Vorhandensein einer normativen Verlustnutzungsbegrenzung rechtfertigt keine Abkehr von der tradierten Auslegungsmethodik. Die Begrenzung des Verlustausgleichs ist für Zwecke der Auslegung als neutral einzustufen. Weder kann sie für noch gegen eine Steuerbarkeit des Forderungsausfalls streiten[161].

9. Zwischenergebnis

Der Auslegung VIII R 13/15[162] ist in allen Punkten zu widersprechen:

— Der Gesetzgeber hat mit Einführung der Abgeltungsteuer keinen „*Paradigmenwechsel*"[163] im Verständnis einer vollständigen Wertzuwachsbesteuerung bei den Kapitaleinkünften ins Recht gesetzt,

— wie auch der Forderungsausfall den Veräußerungsbegriff nicht erfüllt[164] und

---

157 Kann klassische Auslegung nur stützen: *Ruppe* in: H/H/R, Einf. ESt (Stand 02/1990, E 310), Anm. 643 (Archiv des Verlages).
158 *Stein* (Fn. 48), 25.
159 BFH v. 24.10.2017, VIII R 13/15, BFHE 259, 535, Rdn. 1 bis 8.
160 BR-Drs. 220/07, 92.
161 *Stein* (Fn. 48), 24.
162 BFH v. 24.10.2017, VIII R 13/15, BFHE 259, 535.
163 So aber BFH v. 24.10.2017, VIII R 13/15, BFHE 259, 535, Rdn. 13 S. 1.
164 BMF v. 18.1.2016, BStBl I 2016, 85, Rz. 60.

— eine nicht erfolgte Rückzahlung einer Forderung nicht mit einer Rückzahlung einer Forderung gleichgesetzt werden kann.

Wie also könnte die Sache VIII R 13/15[165] möglichenfalls dennoch verständlich, sprich rechtslogisch nachvollziehbar werden?

Gibt es gegebenenfalls weitere Erwägungen, welche das Ergebnis der Entscheidung des VIII. Senates beeinflusst haben könnten aber – aus welchen Erwägungen auch immer – in den Urteilsgründen keinen Platz fanden?[166]

10. Unzulässig: Teleologie ohne planwidrige Regelungslücke

a) Stillschweigende Unterstellung einer planwidrigen Gesetzeslücke?

Die Entscheidung VIII R 13/15[167] nimmt – gleichsam stillschweigend[168] – eine rechtsschöpferische Erweiterung des Besteuerungstatbestandes vor[169] (teleologische Extension[170]). Dieser (stille) Auslegungs(teil)vorgang muss – weil es am Erfordernis einer planwidrigen (mithin auslegungsbedürftigen) Regelungslücke offenkundig fehlt[171] – hinterfragt werden[172]:

Soll eine Sinn-und-Zweck-Auslegung zulässig sein, bedarf es i.d.R. der methodischen Herleitung einer planwidrigen Gesetzeslücke. Eine solche Lücke besteht nur dort, wo das Gesetz, gemessen an seinem eigenen Ziel und Zweck, unvollständig, also ergänzungsbedürftig ist und eine Ergänzung nicht einer mit dem Gesetz gewollten Beschränkung auf bestimmte Tatbestände widerspricht[173].

Was aus der vorgenannten Zusammenfassung aber noch nicht deutlich hervorgeht: Die Anforderungen an richterlich-teleologische Betrachtungen sind

---

165 BFH v. 24.10.2017, VIII R 13/15, BFHE 259, 535.
166 Gleichfalls „suchend": *Jochum*, DStZ 2018, 63.
167 BFH v. 24.10.2017, VIII R 13/15, BFHE 259, 535.
168 *Stein* (Fn. 48), 25:„*ohne sich hierzu offen zu bekennen*".
169 *Stein* (Fn. 48), 25.
170 Ebenso: *Brombach-Krüger*, Ubg 2018, 178: „*im Wege einer teleologischen Auslegung*".
171 Keine planwidrige Regelungslücke ersichtlich: FG Düsseldorf v. 11.3.2015, 7 K 3661/14 E, Rdn. 11 (nachgehend a.A.: BFH v. 24.10.2017, VIII R 13/15, BFHE 259, 535); FG Köln v. 18.1.2017, 9 K 267/14, Rdn. 51 (Rev.: **X R 9/17**); FG Düsseldorf v. 23.11.2016, 7 K 2175/16 F (Rev.: **VIII R 34/16**); *Ratschow* in: Blümich, EStG, § 20 Rz. **353b**, Stand: 08/2015; *Jochum*, in: Kirchhof/Söhn, EStG, § 20, Stand: März 2017 [277. Aktualisierung], Rdn. **D 9/23**.
172 Vgl. a. *Ratschow* in: Blümich, EStG, § 20 Rz. 353b, Stand: 08/2015: „*Dem ist entgegenzuhalten, dass die genannten Vorgänge den Veräußerungsbegriff gerade nicht erfüllen und dass eine rechtsschöpferische Erweiterung des Besteuerungstatbestands gegen den Willen des Gesetzgebers mangels einer Regelungslücke grds. ausscheidet*".
173 *Drüen* in: Tipke/Kruse, AO, § 4, Tz. 371; BFH v. 13.5.2013, I R 39/11.

ausnehmend hoch. Gegenüber einer vom Wortlaut der Rechtsnorm abweichenden Auslegung ist besondere Zurückhaltung geboten[174] und es müssen zuverlässige Anhaltspunkte dafür vorliegen, dass der Wortlaut den wirklichen Willen des Gesetzgebers nicht deckt[175].

Die Entscheidung VIII R 13/15[176] wirkt – wie erwähnt – tatbestandserweiternd und eine teleologische Extension zielt (ja gerade) darauf ab, den zu engen Wortlaut des Gesetzes auf dessen weiter gehenden Zweck auszudehnen. Sie ist aber nicht statthaft, wenn die vom Gesetzgeber getroffene Entscheidung rechtspolitisch fehlerhaft erscheint. Vielmehr muss die auf den Wortlaut abstellende Auslegung zu einem sinnwidrigen Ergebnis[177], zu einem wirtschaftlich nicht vertretbaren, unsinnigen Ergebnis[178], zu einem der wirtschaftlichen Vernunft widersprechendem Ergebnis[179] oder zu einem so unsinnigen Ergebnis führen, dass es vom Gesetzgeber nicht gewollt sein kann[180].

Die Frage also, ob in Sachen Forderungsausfall eine planwidrige Regelungslücke vorliegt, hat die Vorinstanz angesprochen[181] (verneint[182]), der VIII. Senat des BFH jedoch nicht[183]. Dieses „Schweigen" des Senates ist insoweit bemerkenswert als der Gesetzgeber mit § 20 Abs. 2 S. 2 EStG eine ersichtlich abschließende[184] Aufzählung vorgenommen hat: Die Vorinstanz spricht dies im Sinne einer Bejahung an. Der VIII. Senat schweigt jedoch auch dazu.

Jedenfalls kann der BFH die – sich geradezu aufdrängende – Frage nach dem Bestehen einer planwidrigen Regelungslücke kaum unbeabsichtigt übersehen haben. Hat er sie also – regelwidrig – stillschweigend unterstellt?

---

174 BFH v. 7.4.1992, VIII R 79/88, BStBl II 1992, 786.
175 BFH v. 14.11.1962, II 291/59 U, BStBl III 1963, 63.
176 BFH v. 24.10.2017, VIII R 13/15, BFHE 259, 535.
177 BFH v. 16.12.1986, VIII R 375/83, BStBl II 1987, 366; BFH v. 26.6.2007, IV R 9/05, BStBl II 2007, 893.
178 BFH v. 13.10.1994, VII R 37/94, BStBl II 1995, 10.
179 BFH v. 12.8.1997, VII R 107/96, BStBl II 1998, 131.
180 BFH v. 21.8.1974, I R 81/73, BStBl II 1975, 121.
181 FG Düsseldorf v. 11.3.2015, 7 K 3661/14 E, Rdn. 11 (nachgehend: BFH v. 24.10.2017, VIII R 13/15, BFHE 259, 535).
182 Gleichfalls verneinend: FG Köln v. 18.1.2017, 9 K 267/14, Rdn. 51 (Rev. X R 9/17); FG Düsseldorf v. 23.11.2016, 7 K 2175/16 F (Rev.: VIII R 34/16).
183 *Stein* (Fn. 48), 26.
184 Abschließende Aufzählung auch im Sinne eines dementsprechenden Willens des Gesetzgebers erkannt: *Jochum*, DStZ 2018, 63, 65 (re. Sp.); *Ratschow* in: Blümich, EStG, § 20 Rz. 390, Stand: 11/2016; *Stein* (Fn. 48), 26; *Urban*, Ubg 2018, 199, 203; *Gast* (Fn. 88), 143.

32

Es fällt jedenfalls auf, dass sich der VIII. Senat in seinen Gründen gar nicht erst mit dem Normwortlaut und der Gesetzessystematik befasst, sondern sogleich in seine teleologischen Betrachtungen einsteigt. Damit verzichtet der VIII. Senat auf zwei wesentliche Elemente (Auslegung nach dem Wortlaut sowie Verortung im Rahmen der Systematik des Gesetzes) zur Absicherung seiner Auslegung: Die Kernfrage nämlich, ob der Gesetzgeber mit der Abfassung des § 20 Abs. 2 Satz 2 EStG eine Beschränkung auf bestimmte Tatbestände bewusst vorgenommen hat, lässt der VIII. Senat wie erwähnt vollständig unbearbeitet, womit, vornehmlich unter dem Eindruck der diesbezüglich konkreten Ansprache durch die Vorinstanz, ein „Anfangsverdacht" dahingehend begründet erscheint, die vom VIII. Senat des BFH präsentierten Gründe seien ergebnisgeleitet entstanden.

Urban[185] bringt diese einseitige – nach wissenschaftlichem Anspruch jedenfalls unvollständige – Herangehensweise des VIII. Senates anschaulich auf den Punkt, weshalb *Urban*[186] dazu länger „gehört" werden soll:

„Das Urteil leidet an den typischen Schwächen ergebnisorientierter Entscheidungen. Anstelle einer substantiellen Auseinandersetzung mit dem Gesetzeswortlaut eröffnet das Urteil mit der historischen Gesetzesauslegung - und dies mit einem Falschzitat! Der BFH führt aus (Rn. 11), mit der Einführung der Abgeltungsteuer „sollte eine vollständige steuerrechtliche Erfassung aller Wertveränderungen ... im Zusammenhang mit Kapitalanlagen erreicht werden (vgl. BTDrucks 16/4841, S. 33, 55ff.)". Tatsächlich lautet die zitierte Begründung des Gesetzentwurfs zu § 20 Abs. 2 Satz 2 EStG (S. 56): „Mit dieser Regelung wird eine vollständige steuerliche Erfassung aller Wertzuwächse ... im Zusammenhang mit Kapitalanlagen erreicht." (BT-Drucks. 16/4841, 56). Neben dem mit der Einführung der Abgeltungsteuer verbundenen „Paradigmenwechsel" hebt der BFH die Erweiterung des Veräußerungsbegriffs durch § 20 Abs. 2 Satz 2 EStG hervor, der die Rückzahlung der Veräußerung gleichstelle. Da der BFH auch eine Veräußerung wertloser Anteile „zu Null" als (entgeltliche) Veräußerung ansehe (Hinweis des BFH auf BFH v. 12.5.2015 – IX R 57/13, BFH/NV 2015, 1364), könne für den (endgültigen) Ausfall einer Rückzahlung nichts anderes gelten

---

185 *Urban*, Ubg 2018, 199, 203.
186 Ebenda.

– vereinfacht ausgedrückt: Eine Rückzahlung ist auch keine Rückzahlung, als Gleichung formuliert: non a = a. Dieser denkgesetzlich bemerkenswerte Ansatz wird durch die – als solche zutreffende – Überlegung überdeckt, dass auch der Ausfall einer Rückzahlung zu einem Verlust führt. Dies ändert aber nichts daran, dass der Ausfall sich nicht unter den Begriff der Rückzahlung subsumieren lässt. Gesetzessystematische Erwägungen, zu denen gerade die Erweiterung des Veräußerungsbegriffs Anlass gegeben hätte, unterbleiben. Es wäre zu untersuchen gewesen, dass und weshalb die Erweiterung des Veräußerungsbegriffs in § 20 Abs. 2 Satz 2 EStG auf bestimmte Fälle beschränkt geblieben ist, insbesondere den Forderungsausfall oder Anlageverlust gerade nicht erwähnt. Der Gesetzgeber hat bei der Erweiterung des Veräußerungsbegriffs zwar an den Veräußerungsbegriff angeknüpft, wie die Bezugnahme auf § 17 Abs. 1 Satz 2 EStG in der Begründung zur Aufnahme der verdeckten Einlage als Veräußerungstatbestand in § 20 Abs. 2 Satz 2 EStG zeigt (BT-Drucks. 16/4841, 66, zu § 20 Abs. 2 Satz 2), den Veräußerungsbegriff des § 17 EStG aber nicht vollständig übernommen, insbesondere keine Gleichstellung mit Fällen der Auflösung der Kapitalgesellschaft herbeigeführt, unter die die Insolvenzfälle als Hauptfälle des Anlageverlusts fallen. Zudem hebt die Begründung des Gesetzentwurfs zu § 20 Abs. 2 EStG hervor (BT-Drucks. 16/4841, 55), dass es der Aufzählung der einzelnen für den Steuerabzug maßgebenden Geschäftsvorfälle bedürfe, um zu gewährleisten, dass die die Kapitalerträge auszahlenden Stellen den Steuerabzug vom Kapitalertrag nach § 43 EStG vornehmen könnten. Der Gesetzgeber sieht die Tatbestände des § 20 Abs. 2 EStG also als abschließend an. Die Entscheidung des BFH ist folglich weder mit dem Gesetzeswortlaut noch mit der Intention des Gesetzgebers vereinbar.".

b) Planwidrige Gesetzeslücke nicht festzustellen

Bei verständiger Beurteilung besteht jedenfalls kein Zweifel: In Sachen Forderungsausfall scheidet eine planwidrige Regelungslücke aus[187]. Wie erklärt sich solche Evidenz? Hierzu müssen wir kurz ausholen[188]:

---

187 Siehe auch: *Jochum*, DStZ 2018, 63, 65 re. Sp: *„Es findet sich auch der eindeutige Hinweis darauf, dass § 20 Abs. 2 Halbsatz 1 EStG ganz bewusst unter Aussparung des Forderungsausfalls abschließend formuliert worden ist"*; Hessisches FG v. 12.4.2018, 9 K 1053/15 (Rev.: **IX R 17/18**): *„... weil keine planwidrige und auslegungsbedürftige Regelungslücke vorliegt.".*

188 Vertiefend hierzu: *Kellersmann*, FR 2012, 57, 62.

— Eine planwidrige Regelungslücke liegt vor, wenn der Gesetzgeber erkennbar beabsichtigt, endgültig feststehende Wertveränderungen des Stammvermögens in jedem Fall zu berücksichtigen und das Wertloswerden einer Forderung den im Gesetz genannten Fällen von Wertveränderungen des Stammvermögens gleichwertig, aber im Gesetz nicht ausdrücklich erwähnt ist.

— Eine (planwidrige) Regelungslücke liegt nicht vor, wenn Sachverhalte relevanter Wertveränderungen vom Gesetzgeber bewusst auf die im Gesetz genannten Fälle der Realisation beschränkt sind[189] (hier: enumerative Aufzählung).

Anhaltspunkte, in welche Richtung der Gesetzgeber gedacht hat, könnten der Gesetzesbegründung entnommen werden (Historie). Zu denken ist etwa an die Gesetzesbegründung zu § 20 Abs. 2 EStG, nach welcher Wertzuwächse die dem Steuerpflichtigen durch die Veräußerung der dort genannten Kapitalanlagen zufließen, künftig „neben" den Einnahmen aus § 20 Abs. 1 EStG der Besteuerung unterworfen werden sollen.

Diese Formulierung deutet auf eine abgegrenzte Veräußerungsgewinnbesteuerung, nicht aber auf eine allgemeine Erfassung der Vermögenssphäre bei den Kapitaleinkünften hin[190]. Ihr kann kein Hinweis dergestalt entnommen werden, dass die Vermögensebene generell und nicht lediglich in den genannten Veräußerungsfällen einbezogen werden soll[191]. Erst recht lässt diese Gesetzesbegründung keinen Schluss darauf zu, in den in § 20 Abs. 2 EStG genannten Veräußerungsfällen (samt Ersatztatbeständen) sei stets ein „unbedingter" Aufwandsabzug möglich.

Diese Beurteilung steht auch im Einklang mit der speziellen Gesetzesbegründung zu § 20 Abs. 2 S. 2 EStG. Zwar ist dieser Gesetzesbegründung zu entnehmen, dass „eine vollständige steuerliche Erfassung aller Wertzuwächse im Zusammenhang mit Kapitalanlagen erreicht werden soll"[192]. Indessen bezieht sich diese Passage lediglich auf die in § 20 Abs. 2 S. 2 EStG

---

189 In diesem Sinne *vor* dem Ergehen von BFH v. 24.10.2017, VIII R 13/15, BFHE 259, 535 bereits *Ratschow* in: Blümich, EStG, § 20 Rz. 390, Stand: 11/2016 sowie *nach* dem Ergehen von BFH v. 24.10.2017. VIII R 13/15, BFHE 259, 535: *Urban*, Ubg 2018, 199, 203; *Jochum*, DStZ 2018, 63, 65 (re. Sp.); *Stein* (Fn. 48), 26; so auch *zuletzt*: Hessisches FG v. 12.4.2018, 9 K 1053/15 (Rev.: IX R 17/18).

190 *Gast* (Fn. 88), 148.

191 *Stein* (Fn. 234), 66.

192 BT-Drucks. 16/4841, 56.

35

aufgezählten Ersatztatbestände (Veräußerungssurrogate), so dass diese Aussage im Sinne einer vollständigen Erfassung aller rechtsgeschäftlich realisierten Wertzuwächse zu verstehen ist[193]. Wenn eine private Forderung uneinbringlich und damit wertlos wird, ist aber gerade kein rechtsgeschäftlich realisierter Wertverlust entstanden. Für die Annahme einer planwidrigen Regelungslücke in Sachen Forderungsausfall gibt also auch die aus den Materialien zu erschließende Gesetzeshistorie keinen greifbaren Anhaltspunkt.

Die enumerative Aufzählung der Ersatztatbestände in § 20 Abs. 2 S. 2 Hs. 1 EStG führt jedenfalls zur Gewissheit: Das Herauslassen des Forderungsausfalls aus dem Katalog des Hs. 1 beruht auf einer bewussten Entscheidung des Gesetzgebers[194]. Die Voraussetzungen für eine Rechtsschöpfung (Teleologie) liegen nicht vor[195]: Die Aufzählung in § 20 Abs. 2 Satz 2 EStG ist abschließend[196] und einem erweiterten Anwendungsbereich nicht zugänglich[197] („enumeratio ergo limitatio").

11. Verfassungskonforme Auslegung?

Bei dem Bemühen, die Herleitung in VIII R 13/15[198] rechtslogisch nachzuvollziehen, stellt sich auch die Frage, ob der VIII. Senat eine verfassungskonforme Auslegung zu präsentieren sucht[199]. Hinweise darauf ergeben sich aus dieser Formulierung[200]:

„Dies folgt auch aus dem Gebot der Folgerichtigkeit (Beschluss des Bundesverfassungsgerichts vom 29. März 2017 2 BvL 6/11, BFH/NV 2017, 1006, Rz 104, m.w.N.); denn führt die Rückzahlung der Kapitalforderung über dem Nennwert zu einem Gewinn i.S. des § 20 Abs. 2 Satz 1 Nr. 7, Satz 2, Abs. 4 EStG, muss auch eine Rückzahlung unter dem Nennwert zu einem steuerlich zu berücksichtigenden Verlust führen."

Die verfassungskonforme Auslegung als spezielle Variante gebietet es, bei mehreren Möglichkeiten der Normauslegung diejenige maßgeblich sein zu lassen, bei der die Regelung mit der Verfassung konform geht. Der Grundsatz

---

193 *Gast* (Fn. 88), 148.

194 *Jochum*, DStZ 2018, 63; *Brombach-Krüger*, Ubg 2018, 178; *Stein* (Fn. 48), 26; *Gast* (Fn. 88), 143 f.

195 Bereits: *Stein* (Fn. 48), 26: *„Der VIII. Senat des BFH stülpt dem Gesetzgeber ... das Wort im Munde herum".*

196 *Stein* (Fn. 48), 26.

197 So wohl – ohne Abs. 2 S. 2 anzuführen– auch: Hessisches FG v. 12.4.2018, 9 K 1053/15 (Rev.: IX R 17/18).

198 BFH v. 24.10.2017, VIII R 13/15, BFHE 259, 535.

199 Die Frage stellt auch: *Jochum*, DStZ 2018, 63.

verbindet somit die Normtextauslegung mit einer Normenkontrolle und findet als Auslegungskriterium seine Grenze dort, wo er mit dem Wortlaut der Norm und dem klar erkennbaren Willen des Gesetzgebers in Widerspruch treten würde[201]. Im Wege der verfassungskonformen Auslegung darf einem nach Wortlaut und Sinn eindeutigen Gesetz nicht ein entgegengesetzter Sinn verliehen, der normative Gehalt der auszulegenden Vorschrift nicht grundlegend neu bestimmt und das gesetzgeberische Ziel nicht in einem wesentlichen Punkt verfehlt werden[202].

Der VIII. Senat beruft sich also auf das verfassungsrechtliche Folgerichtigkeitsgebot: Wenn das Gesetz eine Rückzahlung mit Gewinn besteuere (Eingreifen des Ersatztatbestandes des § 20 Abs. 2 S. 2 EStG) müsse eine „*Rückzahlung unter dem Nennwert*" einen Verlust begründen. Sachlich wiederholt der Senat damit aber nur seinen Vortrag in Rdn. 13[203], welcher leicht zu entkräften ist: Eine unterbliebene Rückzahlung ist keine Rückzahlung[204] und dies gilt denknotwendig auch, soweit ein Darlehen nicht zurückgezahlt wird („*Rückzahlung unter dem Nennwert*"). Insoweit liegt gerade keine Rückzahlung vor[205].

Denken wir dabei zunächst an die kleinste rechnerische Einheit: Bei einem Cent, der ausfällt, ist die Rückzahlung unterblieben. Die Summe der Einheiten, die dieses Schicksal teilen, beziffert jenen Betrag, der von § 20 Abs. 2 S. 2 EStG nicht erfasst wird. Eine „*Rückzahlung unter Nennwert*" – wie der VIII. Senat eine Teilrückzahlung des hingegebenen Darlehens bezeichnet – führt also hinsichtlich des Teilausfalls (siehe eben: Summe der „Schicksals-Einheiten") nicht zu einem steuerlichen Verlust.

---

200 BFH v. 24.10.2017, VIII R 13/15, BFHE 259, 535, Rdn. 16.
201 BVerfG v. 27.3.2012, 2 BvR 2258/09, BVerfGE 130, 372.
202 BVerfG v. 26.4.1994, 1 BvR 1299/89, 1 BvL 6/90, BVerfGE 90, 263; BVerfG v. 31.10.2016, 1 BvR 871/13, 1 BvR 1833/13.
203 BFH v. 24.10.2017, VIII R 13/15, BFHE 259, 535, Rdn. 13.
204 *Moritz/Strohm*, BB 2018, 542, 544, dort aber mit einer „Ersatzbegründung": siehe Fn. 222; *Jochum*, DStZ 2018, 63, 64 re. Sp.: „*Eine Nicht-Rückzahlung doch als Rückzahlung einzuordnen, mutet recht eigenwillig an.*"; dort aber mit einer Ersatzbegründung, siehe Fn. 205.
205 (Dann aber doch) A. A. *Jochum*, DStZ 2018, 63, 65 li. Sp.: „*Nun behauptet das Gericht auch gar nicht, dass eine Rückzahlung auch durch Nicht-Rückzahlung erfolgen könnte. ... Vielmehr schlussfolgert der Senat (lediglich) aus der Gleichstellung der Rückzahlung mit dem Tatbestand der Veräußerung einer Kapitalforderung in § 20 Abs. 2 Satz 2 EStG, dass auch eine endgültig ausbleibende Rückzahlung zu einem Verlust ... führen kann. Es wird an dieser Stelle also nicht mehr und nicht weniger verlangt, als eine Art. 3 Abs. 1 GG konforme Gleichbehandlung*".

Der Verweis des BFH auf das Folgerichtigkeitsgebot bleibt damit unerklärlich. Es lässt sich sogar konstatieren: Der VIII. Senat verleiht dem hier nach Wortlaut und Sinn eindeutigen Gesetz (§ 20 Abs. 2 S. 2 EStG) einen entgegengesetzten Sinn. Nicht nur dies macht es schwer, die Sache VIII R 13/15[206] als verfassungskonforme Auslegung einzuordnen. Diese spezielle Form der Auslegung setzt – wie oben angeführt – zuvörderst die Einsicht voraus, dass mehrere – mindestens zwei – Möglichkeiten der Normauslegung denkbar sind. Solche Begründungsarbeit leistet der VIII. Senat aber auch nicht. Auf die allenfalls denkbare Begründetheit der „anderen Ansicht" – nämlich derjenigen des Fiskus bzw. der Vorinstanz – geht der Senat mit keinem Wort ein.

Zu bedenken ist auch, dass der VII. Senat auf eine Wortlautinterpretation verzichtet hat[207], obgleich sich Fiskus und Vorinstanz darauf berufen (nämlich: Rückzahlung ist nicht Veräußerung). Ein solches Ausblenden der Argumentation mit dem Wortsinn (grammatikalische Interpretation) macht die Identifikation einer verfassungskonformen Auslegung jedoch unmöglich: Diese hat sich innerhalb des möglichen Wortsinns zu bewegen; eine Bestimmung des Regelungsinhaltes aus verfassungsrechtlicher Sicht ohne Bedachtnahme auf den Wortsinn ist nicht zulässig[208].

Wie man es auch dreht und wendet: Als (zulässige) verfassungskonforme Auslegung kann die Sache VIII R 13/15[209] nicht eingestuft werden. Mehr noch: Der Begründung des VIII. Senates ist nicht einmal ein Bemühen dahingehend zu entnehmen, die hohen Zulässigkeitshürden dieser speziellen Auslegungsvariante zu überwinden.

Dies erschwert eine Auslegungskontrolle erheblich. Regelmäßig enthalten Urteile des BFH keinen unmittelbaren Hinweis darauf, für welche Auslegungsvariante(n) sich der Spruchkörper entschieden hat. Einer solchen „Auslegungs-Selbsteinschätzungs-Auskunft" des Gerichts bedarf es im Normalfall auch nicht, weil sich die benützte Variante oftmals aus den Gründen erschließen lässt (zumeist: Wortlaut und Systematik).

Zudem erübrigt sich eine ins Detail gehende Auslegungskontrolle, wenn sich die junge Entscheidung in eine Reihe von bereits als einwandfrei geprüften Präjudizien organisch einfügt, also keine wesentlich neuen Rechtserkennt-

---

206 BFH v. 24.10.2017, VIII R 13/15, BFHE 259, 535.
207 Vgl. *Brombach-Krüger*, Ubg 2018, 178, 179.
208 *Ruppe* in: H/H/R, Einf. ESt (Stand 02/1990, E 307), Anm. 638 m.N. (Archiv des Verlages).
209 BFH v. 24.10.2017, VIII R 13/15, BFHE 259, 535.

nisse hervorbringt (Vermutung der Richtigkeit der Entscheidung des Obergerichts).

Anders liegen die Dinge, wenn das Gericht etwas grundlegend Neues präsentiert, wie mit der Sache VIII R 13/15[210] geschehen: Der so erkannte (für die herzuleitenden Rechtsfolgen mutmaßlich relevante) *"Paradigmenwechsel"*[211] des Gesetzgebers mit Einführung der Abgeltungsteuer ab dem Jahre 2009 war bislang (a) weder von der Finanzverwaltung, (b) von der Vorinstanz[212], aber auch (c) nicht von bisherigen Abgeltungsteuer-Entscheidungen des BFH[213] erkannt worden[214].

In solch besonderem Falle, die Rechtserkenntnis ist also "wirklich neu", kann es dem Verständnis der Entscheidung und damit der Arbeit der Auslegungskontrolle[215] dienen, wenn der erkennende Spruchkörper ergänzende Hinweise darauf gibt, wie er seine Auslegung – jedenfalls nach seiner eigenen Einschätzung – in die anerkannte Methode einordnet. Erst vor diesem Hintergrund kann verständlich werden, wenn etwa *Jochum*[216] vorträgt, Hinweise auf die eigentliche Methode der Auslegung suche man in den Gründen der Entscheidung des VIII. Senates vergebens.

Jochum spricht aber auch von einer *"mutigen Entscheidung"*[217] sowie von einem *"Machtwort"*. Anders als *Jochum* dies freilich meinte[218], könnte die

---

210 BFH v. 24.10.2017, VIII R 13/15, BFHE 259, 535.

211 Im Sinne einer vollständigen Wertzuwachsbesteuerung bei Kapitalanlagen: BFH v. 24.10 2017, VIII R 13/15, BFHE 259, 535, Rdn. 13 S. 1 und bereits Rdn. 11.

212 FG Düsseldorf v. 11.3.2015, 7 K 3661/14 E.

213 Bei denen solcher *"Paradigmenwechsel"* von unmittelbarer Auslegungsrelevanz gewesen wäre; siehe etwa: BFH v. 12.5.2015, IX R 57/13, BFH/NV 2015, 1364; BFH v. 12.1.2016, IX R 48/14, BStBl II 2016, 456; BFH v. 12.1.2016, IX R 49/14, BStBl II 2016, 459; BFH v. 12.1.2016, IX R 50/14, BStBl II 2016, 462; BFH v. 20.10.2016, VIII R 55/13, BStBl II 2017, 264 – keine dieser Entscheidungen erkennt einen solch grundlegenden Systemwechsel des Gesetzgebers ab dem Jahre 2009 –; siehe ferner: BFH v. 3.11.2015, VIII R 37/13, Rdn. 25 f.: Paradigmen- bzw. Systemwechsel erkannt, jedoch *ohne* die Frage von Wertänderung der Kapitalanlagen anzusprechen.

214 Einen anderen Ansatz verfolgte der VIII. Senat in seiner Entscheidung v. 20.10.2016, VIII R 55/13, BStBl II 2017, 264, indem er dort ausführt, der Verlust des Stillhalters zähle bereits seit 1999 *"nicht mehr zur nicht steuerbaren Vermögensebene"*. Einer Nachprüfung hält dies nicht stand, weil der VIII. Senat dies nicht selbst begründet, sondern auf Entscheidungen des IX. Senates verweist, welche – insofern – ihrerseits nicht begründet waren: Eingehend *Stein* (Fn. 48), 13 ff. ("wanderndes obiter dictum").

215 Einen kleinen Einblick in die Arbeit der Prüfer gibt etwa *Brombach-Krüger*, Ubg 2018, 178.

216 *Jochum*, DStZ 2018, 63, 67: *" Ausführungen zur methodischen Herleitung des gefundenen Ergebnisses sucht man in den Urteilsgründen zwar vergeblich ...".*

217 Ähnlich: *Zacher*, SAM 2/2018, 43, 47: *"mutiger Schritt des Bundesfinanzhofs".*

218 Weil die Ordinaria jedenfalls das Ergebnis der Sache v. 24.10.2017, VIII R 13/15, BFHE 259, 535 als richtig/zutreffend würdigt.

Ordinaria damit richtig liegen[219], wenn sich aus den Gründen der Entscheidung VIII R 13/15[220] nicht doch noch eine zulässige Auslegungsvariante entfaltete. Beim Fehlen klassischer Auslegungselemente immerhin „Recht-Experimentell" (ggf. zu diskutieren) wäre nämlich eine schlüssige wie nahtlos ineinandergreifende Handhabe mehrerer sonstiger Auslegungsinstrumente (Hilfsinstrumente). Als derlei Hilfsinstrumente – welche jedenfalls nach hM klassische Auslegung nicht ersetzen sondern nur stützen können – kommen etwa die einschränkende Auslegung von Ausnahmevorschriften, die Ergebnisbetrachtung, der Fallvergleich, Praktikabilitätsgesichtspunkte sowie die Berufung auf Präjudizien, eine herrschende Lehre oder zeitlich vor- oder nachgelagerte Regelungen in Betracht.

12. Zwischen den Zeilen: Steuerbarer Vorteil stets auch steuerbarer Nachteil?

Könnte die Auslegung des VIII. Senates also mit anderen Erwägungen rechtslogisch verständlich werden? Einige Literaturstimmen geben Anlass zu näherer Prüfung in dieser Hinsicht:

a) Literatur-Verweis auf BFH IX R 50/09[221]
(Verfallene Option im Alt-Recht)

Moritz/Strohm[222] und *Jachmann-Michel*[223] weisen nämlich darauf hin, der IX. Senat des BFH habe (u. a.) mit seiner Entscheidung IX R 50/09[224] hinsichtlich des Wertloswerdens von Optionen (nach altem Recht) betont, es widerspräche den Anforderungen an eine folgerichtige Belastungsentscheidung, wenn nur der Gewinnfall, nicht aber der Verlustfall besteuert werde[225].

Die Erkenntnis IX R 50/09[226] war zur Aufstellung einer solchen Regel jedoch ungeeignet und kann schon deshalb keine präjudizielle Ausstrahlung erringen,

---

219 Nämlich in dem Sinne, dass der VIII. Senat etwas ersichtlich nicht Vertretbares aber doch vertritt.
220 BFH v. 24.10.2017, VIII R 13/15, BFHE 259, 535.
221 BFH v. 26.9.2012, IX R 50/09, BStBl II 2013, 231.
222 *Moritz/Strohm*, BB 2018, 542, 544 (Ziff. III.1 a.E.).
223 *Jachmann-Michel* in; StuW 2018, 9, 14; HFR 2018, 135, 136; jM 2018, 124, 126 (ähnl.: BB 2018, 854, 859; Ubg 2018, 174): „*Vorteil ist danach auch der Nachteil ... Übertragen auf den Ausfall einer Forderung bedeutet dies: Rückzahlung ist auch nur die teilweise Rückzahlung oder die Rückzahlung von Null*".
224 BFH v. 26.9.2012, IX R 50/09, BStBl II 2013, 231.
225 Vgl. a. *Levedag* in Schmidt, EStG (37. Auflage 2018), § 20, Rn. 126: „*... die Gleichbehandlung des Ausfalls mit der Veräußerung unter Wert ist verfassungsrechtl. geboten, schließl. ist der Aufwand für wertlos gewordene Optionen auch abziehbar*".
226 BFH v. 26.9.2012, IX R 50/09, BStBl II 2013, 231.

weil sie auf beiden Ebenen (Sachverhaltsfeststellung[227], Rechtsanwendung[228]) auf einer Aneinanderreihung schwerwiegender Regelbrüche beruht.

Der IX. Senat hatte (a) unter Ausblendung des eindeutigen Gesetzeswortlautes (,,*Vorteil erlangt*"), (b) seiner eigenen einschlägigen wie anderslautenden Rechtsprechung[229] wie (c) der insofern aufklärenden Gesetzeshistorie[230] ,,übersehen", dass infolge einer bewussten Beschränkung des Gesetzgebers auf Termingeschäfte mit Differenzausgleich nur *eine* einzige Auslegung, nämlich diejenige, welche die Finanzverwaltung bis zur Entscheidung IX R 50/09[231] vertreten hatte, ernstlich vertretbar war[232].

Die Voraussetzungen einer verfassungskonformen Auslegung, in deren Rahmen ein (vermeintlicher) Folgerichtigkeitsverstoß[233] des Gesetzgebers überhaupt erst hätte ,,gerügt" werden können, lagen (für Alt Recht) sonach nicht vor[234].

Kurz: In diesem besonderen Fall (verfallene Option im Alt-Recht) forderte das Gesetz (§ 23 Abs. 1 S. 1 Nr. 4 EStG) ausschließlich einen (echten)

---

227 Verfehlte Feststellung des Sachverhaltes vermittels Fiktion: *Stein* (Fn. 100), 46 ff.
228 Abfolge schwerwiegender Rechtsanwendungsfehler: *Stein* (Fn. 234), 63 bis 71; *Stein* (Fn. 100), 37 bis 53.
229 *Stein* (Fn. 234), 18 ff., 40 ff.; *Stein* (Fn. 100), 40.
230 Historie zu dem – zum Entscheidungszeitpunkt bereits seit drei Jahren geltenden – ,,Folge-Recht" (Änderungen des § 20 EStG im Rahmen der Einführung der Abgeltungsteuer): Selbst in Ansehung des eingehend begründeten Interventions-Schriftgutes der Banken-Lobby (*Stein*, Fn. 234, 75 ff.) im Rahmen von Anhörungen vor dem Finanzausschuss im Jahre 2007 hatte dieser davon abgesehen, auf erloschene Rechtspositionen wie etwa den Wertlosverfall von Optionen zuzugreifen (*Stein*, Fn. 234, 75 f.). Auch eine neuerliche Intervention der Lobby im Folgejahr 2008 führte nicht ,,zum Erfolg", nämlich nicht zu einer Änderung des § 20 Abs. 2 S. 2 Hs. 1 EStG (*Stein*, Fn. 234, 76 ff). Auch wenn der Forderungsausfall der in den damaligen (hier: 2007 und 2008) beiden schriftlichen Begründungen der Lobby noch keine namentliche Erwähnung fand, so wurde der Finanzausschuss seitens der Lobby aber doch schon auf eine vermeintliche ,,umfassende Wertzuwachsbesteuerung" (Wortlaut bei: *Stein*, Fn. 234, 76) hingewiesen. Überhaupt – so die Lobby weiter – sei es erforderlich ,,den Verfall einer Rechtsposition als steuerrelevantes Ereignis anzusehen" (Wortlaut bei: *Stein*, Fn. 234, 77). Wenn also der Finanzausschuss auch in Ansehung dieser Begründung – auch ,,die Umsetzung des Nettoprinzips" (Wortlaut bei: *Stein*, Fn. 234, 76) hatte die Lobby dem Finanzausschuss hierbei dringlich nahegelegt – keinen Anlass zu Änderungen am Gesetzentwurf sah, so deutet dies darauf hin, dass sich der Gesetzgeber (hier: vertreten durch den Finanzausschuss als letztentscheidende Fachinstanz) in § 20 Abs. 2 EStG allein auf rechtsgeschäftlich realisierte Gewinn/Verluste beschränken wollte, womit – was zu beweisen war – neben den wertlos verfallenen Wertpapieren auch der Forderungsausfall steuerlich außen vor bleibt.
231 BFH v. 26.9.2012, IX R 50/09, BStBl II 2013, 231.
232 Eingehend: *Stein* (Fn. 234); *Stein* (Fn. 100).
233 Ein Verstoß gegen das Folgerichtigkeitsgebot der Konstitution dürfte ohnedies schwerlich auszumachen sein, weil – statistisch gesehen – beide Kontrahenten (Optionskäufer und Stillhalter) in etwa gleich belastet sein dürften: *Stein* (Fn. 100), 98 f.
234 *Stein*, Die verfallene Option in der Abgeltungsteuer, Norderstedt 2015 (ISBN 978-3-734-76822-4), 63 bis 71, 49 bis 54.

41

Vorteil (gewöhnlich durch: Erlangen eines Barausgleiches), nicht jedoch (zusätzlich) einen Nachteil ein[235].

b) Literatur-Verweis auf BFH IX R 48/14[236]
  (verfallene Option im geltenden Recht)

Moritz/Strohm[237] verweisen in diesem Kontext zudem auf die Folge-Sache IX R 48/14[238] zu geltendem Recht. Indessen ist auch diese mit wenigen Sätzen aufgebaute Argumentationskette von schwerwiegenden Rechtsanwendungsfehlern regelrecht durchsetzt[239] (kein Präjudiz) und der VIII. Senat zitiert die Sache IX R 48/14[240] (und auch dies nur einmal) lediglich im Kontext mit der aus seiner Sicht nicht bestehenden „*Gefahr einer ausufernden Verlustnutzung*"[241].

c) Urteilsgründe: Kein Rückgriff auf IX R 50/09 und IX R 48/14
  aus „gutem Grund"

Fazit: Der VIII. Senat – er kennt die methodischen Schwächen beider Entscheidungen des IX. Senates nur zu gut – baute seine Herleitung vollends ohne Rückgriff auf die Sachen IX R 50/09[242] und IX R 48/14[243] auf. Diese Zurückhaltung war mangels rechtslogischer Nachvollziehbarkeit der beiden Entscheidungen des IX. Senates auch geboten, zumal dort andere Rechts-

---

235 *Stein* (Fn. 234), 30 f.; *Stein* (Fn. 100), 41 ff.
236 BFH v. 12.1.2016, IX R 48/14, BStBl II 2016, 456.
237 *Moritz/Strohm*, BB 2018, 542, 544 (dort Fn. 16); siehe dazu auch schon: *Hahne*, BB 2018, 99, 101
238 BFH v. 12.1.2016, IX R 48/14, BStBl II 2016, 456.
239 Weil der Wegfall der Jahresfrist zu keiner Änderung (des nur fortgeschriebenen) Normzwecks führte, weil die Aufgabe der Trennungstheorie ohne Rechtfertigung blieb, weil der vom IX. Senat erkannte Telos der Norm nur eine Fiktion ist, die anzubringen allein dem Gesetzgeber obläge, weil der rechtspolitische Wille des Gesetzgebers vom IX. Senat unbeachtet blieb, weil eine Fehldeutung der (indessen richtig zu verstehenden) Leistungsfähigkeit und Folgerichtigkeit vorliegt, weil der Einwand einer generellen Substanzbesteuerung ab 2009 nicht erweislich ist, weil die unmittelbar in das Verfahren eingebrachten Einwände (zum mutmaßlichen Willen des Gesetzgebers) des in die Erarbeitung des Gesetzentwurfes federführend involvierten und dem Revisionsverfahren beigetretenen BMF ohne Würdigung geblieben sind, weil der IX. Senat die Vorgänge vor dem Finanzausschuss des Bundestages (hier: erfolglose Intervention der Banken-Lobby auch in Sachen Optionsverfall) unbeleuchtet ließ und weil die (nachgelagerten) Frage zur Verlustnutzung keine Wegweisungen zur Auslegungsfrage der Steuerbarkeit des Optionsverfalls gibt. Zu Sache IX R 48/14 lässt sich also konstatieren: Bis auf die Berufung auf IX R 50/09 führt kein einziger der vom IX. Senat vorgebrachten Einzeleinwände denklogisch zu dem vom IX. Senat entfalteten Ergebnis und selbst die Abstützung auf IX R 50/09 kann keine taugliche „Ersatzbegründung" liefern, weil die Sache IX R 50/09 selbst einer rechtslogischen Nachvollziehbarkeit entbehrt. Zu allem: *Stein* (Fn. 100), insbesondere 13–36, 67 ff
240 BFH v. 12.1.2016, IX R 48/14, BStBl II 2016, 456.
241 BFH v. 24.10.2017, VIII R 13/15, BFHE 259, 535, Rdn. 18.
242 BFH v. 26.9.2012, IX R 50/09, BStBl II 2013, 231.
243 BFH v. 12.1.2016, IX R 48/14, BStBl II 2016, 456.

vorschriften, nämlich zur Termingeschäftsbesteuerung, zur Begutachtung anstanden.

Die beiden genannten Literaten[244] können sonach schwerlich überzeigend anbringen, der VIII. Senat berufe sich gleichsam „*unausgesprochen*" auf Erwägungen, welche der IX. Senat seinen beiden Entscheidungen IX R 50/09[245] und IX R 48/14[246] zu Grunde gelegt hatte.

Es ist das alte Problem: Der Literat möchte die zu prüfende Entscheidung vollständig durchdringen[247] und dies gilt auch für die Auslegungskontrolle[248] des Fiskus. Rechtserwägungen jedoch, welche die Urteilsgründe selbst nicht hergeben, können in eine qualifizierte Auslegungskontrolle unmöglich mit einfließen, wenn dabei Ungewissheiten dominieren[249].

244 *Moritz/Strohm*, BB 2018, 542, 544 (Ziff. III.1 a.E.); *Jachmann-Michel* in: BB 2018, 854. 859; StuW 2018, 9, 14; HFR 2018, 135, 136; jM 2018, 124, 126; Ubg 2018, 174.
245 BFH v. 26.9.2012, IX R 50/09, BStBl II 2013, 231.
246 BFH v. 12.1.2016, IX R 48/14, BStBl II 2016, 456.
247 Eingehend in diesem Bemühen auch: *Jochum*, DStZ 2018, 63.
248 Zu den Erwägungen stellvertretend: *Brombach-Krüger*, Ubg 2018, 178, 179.
249 Vgl. a. *Jochum*, DStZ 2018, 63, 67: „ *Ausführungen zur methodischen Herleitung des gefundenen Ergebnisses sucht man in den Urteilsgründen zwar vergeblich ...* ".

III. Betonungen samt Ausblick

1. Hier steckt der Fehler: Der „Vergleichstrick" des BFH

a) Der Trick des VIII. Senates: Verdeckter Bruch mit der Logik

Der VIII. Senat nimmt eine Gleichstellung von unterbliebener Rückzahlung mit einer Veräußerung vor und begründet dies so:

— Weil die Rückzahlung als Veräußerung gilt (§ 20 Abs. 2 S. 2 EStG) [*Formel-Teil I*],

— führe das Ausbleiben einer Rückzahlung (Ausfall der Forderung) zu einem Verlust i.S.d. § 20 Abs. 2 S. 1 Nr. 7 i.V.m. S. 2 EStG [Formel-Teil II].

Jochum[250] bietet hierfür eine schlichte Erklärung:

— Wenn der VIII. Senat aus der Gleichstellung der Rückzahlung mit dem Tatbestand der Veräußerung einer Kapitalforderung in § 20 Abs. 2 Satz 2 EStG [Anm. *Verfasser*: *Formel-Teil I*] folgere,

— dass auch eine ausbleibende Rückzahlung zu einem Verlust führe [Anm. *Verfasser*: Formel-Teil II],

so werde damit lediglich eine Art. 3 Abs. 1 GG konforme Gleichbehandlung verlangt. Das hört sich zunächst gut. Doch hat *Jochum*[251] nicht etwas Wesentliches übersehen? Sehen wir genauer nach:

Bei der o. a. Formel des VIII. Senates handelt es sich um eine Doppel-Gleichsetzung. Die *Formel-Teil I* beruft sich unmittelbar auf § 20 Abs. 2 S. 2 Hs. 1 EStG: In Ansehung der dort verankerten gesetzlichen Fiktion „*als Veräußerung gilt auch*" beurteilt der VIII. Senat die Veräußerung als starkes, gleichsam dominierendes, Tatbestandsmerkmal, dessen Eigenschaften sich die (vermeintlich) schwächeren Surrogate zu unterwerfen hätten[252].

Genau hier – im *Teil I der Formel* – steckt bereits der Fehler, nämlich der Logikbruch:

---

250 *Jochum*, DStZ 2018, 63, 65 li. Sp.
251 *Jochum*, DStZ 2018, 63, 65 li. Sp.
252 In diesem Sinne: Wenn ein Veräußerungsgewinn steuerbar ist und deshalb auch ein Veräußerungsverlust steuerbar ist, so muss bei Steuerbarkeit eines Rückzahlungsgewinns auch ein Rückzahlungsverlust steuerbar sein.

Dem „*Formel-Teil I Logikschluss*" des BFH fehlt eine gültige Argument-form. Der VIII. Senat täuscht einen logischen Schluss – ein argumentum a fortiori – vor, wo keiner vorliegt. Wenn der Gesetzgeber notiert, „*als Ver-äußerung ... gilt auch*", setzt er damit lediglich weitere Tatbestände in die Steuerbarkeit hinein[253] (am Gesetz wurde „angebaut"). Anders gewendet: „*Veräußerung*" einerseits und „*Rückzahlung*" andererseits stehen als jeweils verschiedene Tatbestandsmerkmale beziehungslos nebeneinander[254].

Ob der jeweils zu prüfende Sachverhalt einen dieser weiteren Tatbestände erfüllt ist, muss – dies überbrückt der Senat mit seinem (unzulässigen) Lo-gikschluss – denknotwendig autark beurteilt werden. Diese weiteren Tatbe-stände werden also nicht in dem Sinne deformiert, dass sie sich in ihren je-weiligen Eigenschaften denjenigen des Veräußerungsbegriffs unterordneten.

Vor allem darf das Naheliegende nicht ausgeblendet werden. Jedermann ist klar: Eine unterbliebene Rückzahlung ist keine Rückzahlung[255] oder mit *Jochum*[256] verbildlicht: Eine Rolle vorwärts ist keine Rolle rückwärts.

Ergo: Wenn bereits die erste Aussage des BFH [*Formel-Teil I*] als unzu-lässiges Argument erkannt ist, kann der VIII. Senat nicht mehr mit Erfolg darauf aufbauen, indem er fortfährt, ein Ausbleiben einer Rückzahlung ge-neriere einem Verlust [Formel-Teil II].

Damit kann zugleich auf *Jochum*[257] geantwortet werden: Ein konstitutio-neller Gleichsetzungsbedarf, wie ihn *Jochum*[258] Blick auf die Formel-Teil II erkennt, besteht a priori nicht. Der o. a. Formel-Teil II (Forderungsaus-fall = Verlust) fehlt das logische Fundament.

---

253 „*gilt auch*" als gesetzestechnische Komponente [Fiktion] um den Anbau an das Gesetz (den Satz 1) mit möglichst wenig Wortaufwand [Vermeidung von Widerholungen in Satz 1] zu realisieren.
254 Siehe auch *Jochum*, in: Kirchhof/Söhn, EStG, § 20, Stand: März 2017 [277. Aktualisierung], Rdn. D 9/25:„*Stattdessen ist anzuerkennen, dass § 20 Abs. 2 Satz 2 lediglich Veräußerungssurrogate be-stimmt, also Ersatztatbestände, die neben die klassische Veräußerung als entgeltliche Übertragung auf einen Dritten treten.*".
255 Dies übersieht *Jachmann-Michel*, BB 2018, 854, 858 (auf die Merkmale der Veräußerung abstellend).
256 *Jochum*, DStZ 2018, 63, 64.
257 *Jochum*, DStZ 2018, 63, 65 li. Sp.
258 *Jochum*, DStZ 2018, 63, 65 li. Sp.

b) Noch einmal: Planwidrige Gesetzeslücke?

Gibt es noch andere Erwägungen um die Auslegung VIII R 13/15[259] als zulässig – im Sinne der geltenden Auslegungsregeln – beurteilen zu können?

Kommt gegebenenfalls ein Größenschluss als Auslegungshilfsinstrument in Betracht? In Teilen der „Auslegungsliteratur" wird immerhin vorgetragen, ein Größenschluss könne herangezogen werden um eine planwidrige Regelungslücke des Gesetzes zu schließen[260].

Nun, die o.a. *BFH-Formel-Teil I* (Rückzahlung = Veräußerung) kann wohl nicht anders als ein argumentum a fortiori beurteilt werden (s.o.). Indessen stehen – wie soeben, nur mit anderen Worten, gezeigt – bei der *BFH-Formel-Teil I*[261] die Mittel nicht im Verhältnis maius und minus gegenüber:

Wenn das Gesetz (§ 20 Abs. 2 S. 2 Hs. 1 EStG) die Rückzahlung als Veräußerung gelten lässt, so nur förmlich im Sinne eines „Hinzustellens" weiterer Tatbestände. Beide Voraussetzungen einer Lückenschließung vermittels Größenschlusses sind nicht erfüllt:

— Die Rückzahlung (lt. BFH gleichsam: minus) steckt nicht – wie der VIII. Senat mit seiner *Formel-Teil I* gleichwohl suggerieren möchte – in der Veräußerung (lt. BFH gleichsam: maius) drin. Ein Größenschluss kommt sonach nicht in Betracht.

— Zudem hat der VIII. Senat nicht erwiesen, dass eine planwidrige Regelungslücke besteht[262]. Wie erwähnt, äußert sich der VIII. Senat dazu nicht einmal.

Allerdings gibt es hierzu (Regelungslücke) wohl einen Erklärungsversuch. Denn *Jachmann-Michel*[263] trägt in diversen Anmerkungen zur Sache VIII R 13/15[264] dazu – jeweils wortgleich[265] – vor:

---

259 BFH v. 24.10.2017, VIII R 13/15, BFHE 259, 535.
260 *Drüen* in: Tipke/Kruse, AO, § 4, Tz. 371; vgl. dazu ferner: *Stein* (Fn. 48), 49.
261 Wie erwähnt lt. BFH: Weil die Rückzahlung als Veräußerung gilt: § 20 Abs. 2 S. 2 EStG.
262 Siehe hier: Seite 31 ff.
263 *Jachmann-Michel* in: BB 2018, 854, 858 f.; StuW 2018, 9, 14; Ubg 2018, 174, 175.
264 BFH v. 24.10.2017, VIII R 13/15, BFHE 259, 535.
265 Wortabgleich bei *Jachmann-Michel* in: BB 2018, 854, 858 f.; StuW 2018, 9, 14; Ubg 2018, 174, 175.

„Vor dem Hintergrund des umfassenden Regelungsanliegens des § 20 EStG n.F. kann dem Gesetzgeber aber schwerlich unterstellt werden, er habe gezielt – wider alle Folgerichtigkeit – Veräußerungsgewinne wie -Verluste erfassen wollen, beim Ausfall einer Forderung aber den Steuerpflichtigen – damit seine reale Leistungsfähigkeitsminderung steuerlich beachtlich wird – auf das Glück verweisen wollen, rechtzeitig noch einen Käufer für seine notleidende Anlage zu finden ...".

Soll damit das Vorliegen einer planwidrigen Gesetzeslücke angedeutet werden? Rein technisch wäre solcher Vortrag nicht gelungen, denn verkürzt aber sinnerhaltend ausgedrückt, reduziert sich der oben zitierte Satz auf diese Aussage:

Dem Gesetzgeber kann schwerlich unterstellt werden, er habe Veräußerungsverluste nur beim Forderungsverkauf erfassen wollen.

Gemessen am richtig verstandenen Gesetz verkehrt diese Aussage geltendes Recht ins Gegenteil: Verluste aus Forderungen berücksichtigt das Gesetz nur bei deren rechtsgeschäftlicher Realisation, sprich bei Veräußerung der Forderung mit Verlust. Kurzum: Für das Vorliegen einer planwidrigen Gesetzeslücke fehlen jedwede Anhaltspunkte[266] und auch der VIII. Senat hat keine gegenteiligen Ausführungen hierzu gemacht.

Doch selbst wenn sich – auf welchem Wege auch immer – eine verdeckte Gesetzeslücke aber doch methodisch aufklären ließe, wäre die Auslegung VIII R 13/15[267] wohl schon deshalb nicht mehr „zu retten", weil sich die *BFH-Formel-Teil I*[268] – jedenfalls nach der *hier* vertretenen Einsicht – als unzulässige Logik herausstellt[269].

---

266 FG Düsseldorf v. 11.3.2015, 7 K 3661/14 E, Rdn. 11; siehe auch hier: Seite 31 ff.
267 BFH v. 24.10.2017, VIII R 13/15, BFHE 259, 535.
268 Siehe hier: Seite 45 oben.
269 Oben zu: III.1.*a* (Seite 45).

2. Auch nach 2008 noch vorhanden: Die private Vermögensebene bei § 20 EStG

Nach alledem ist etwa *Moritz/Strohm*[270] in deren Grundaussage entgegenzutreten: Die Begründung des VIII. Senates vermag nicht zu überzeugen.

Es hilft der anzustrebenden redlichen Auslegung zudem wenig, vom Ergebnis her zu denken. So geht aber – in diesem Punkte methodisch zweifelhaft – *Jochum*[271] vor: Immerhin, so trägt die Ordinaria nämlich vor, das Ergebnis sei treffend, weshalb es weniger von Bedeutung sei, dass sich der Weg der Auslegung des VIII. Senates des BFH nicht einwandfrei nachvollziehen lasse[272]. So lässt sich das Gesetz aber nicht auslegen: Ob dem Auslegungsergebnis des Gerichts letztlich zuzustimmen ist, hängt von der Beschaffenheit des richterlich entfalteten Auslegungsvorganges ab.

Offenkundig bedarf es der Aufklärung, insbesondere zur Frage der Vermögensebene:

Der VIII. Senat des BFH beruft sich zur Begründung des *„Paradigmenwechsels"*[273] (im Sinne einer umfassenden Wertzuwachsbesteuerung) vornehmlich auf die *„herrschende Meinung"* in der Literatur. Allerdings hat der VIII. Senat diese Einschätzung in der Sache selbst nicht rechtssicher unter Beweis gestellt.

Der Grund: Es fehlt an überzeugenden Anhaltspunkten dafür, dass der Gesetzgeber mit Einführung der Abgeltungsteuer die Vermögenssphäre bei den Kapitaleinkünften umfassend – mithin über die im Gesetz gesetzten Tatbestände hinaus – berücksichtigen wollte[274].

---

270 *Moritz/Strohm*, BB 2018, 542.

271 *Jochum*, DStZ 2018, 63.

272 So ist *Jochum* (DStZ 2018, 63) aber nur zu lesen (Verständnis des *Verfassers*): An dieser Stelle ist *Jochum* daran zu erinnern, dass die Ergebnisbetrachtung als Auslegungshilfsinstrument in Erscheinung tritt, also lediglich die mit klassischen Mitteln gefundene Auslegung bestätigen kann.

273 BFH v. 24.10.2017, VIII R 13/15, BFHE 259, 535, Rdn. 13 S. 1.

274 *Stein* (Fn. 100), 62; Hessisches FG v. 12.4.2018, 9 K 1053/15 (Rev.: IX R 17/18); FG Berlin-Brandenburg v. 20.1.2016, 14 K 14040/13 (Rev.: VIII R 18/16), Rdn. 21; so wohl auch *Kranenberg*, EStB 2018, 109, 111.

Das Regime der Abgeltungsteuer hat die Norm des § 20 EStG nicht in deren dogmatischen Grundlage verändert[275]. Es verblieb beim Dualismus der Einkunftsarten bei gleichzeitiger punktueller Ausweitung der Substanzerfassung[276].

Ohnedies wird BFH VIII R 13/15[277] dem Wortlaut des Gesetzes und dem Willen des Gesetzgebers nicht gerecht: Tatbestandsmerkmal des § 20 Abs. 1 S. 1 Nr. 7 EStG ist die Veräußerung einer Forderung; ein Gewinn oder Verlust ist unbeachtlich, solange er nicht realisiert wird[278].

Beim Forderungsausfall liegt mangels Rechtsträgerwechsels keine Veräußerung im Sinne des § 20 Abs. 2 EStG vor, wie es sich hierbei ebenso nicht um einen veräußerungsähnlichen Vorgang handelt. Die Norm des § 20 EStG besteuert ab dem Jahre 2009 Wertzuwächse zwar in erweitertem Umfange als bislang (bis 2008). Die Absätze 1 und 2 dieser Norm halten gleichwohl weiterhin an der grundsätzlichen Unterscheidung zwischen laufenden Erträgen (Abs. 1) und Wertveränderungen (Abs. 2) fest[279].

Dabei definiert Abs. 2 Veräußerungstatbestände von Wertpapieren, bezieht sich aber auch auf die Übertragung eines Rechts (Nr. 5 und 8) oder den Barausgleich bei Termingeschäften (Nr. 3).

Der „Plan" des § 20 EStG unter dem Abgeltungsteuerregime zielt nicht vordergründig auf eine möglichst umfassende Besteuerung von (allen denkbaren) Wertzuwächsen, sondern – neben einer punktuell benannten Ausweitung der Substanzerfassung – auch darauf, solche Wertveränderungen zu erfassen, welche wirtschaftlich gesehen als Entgelte für eine Kapitalnutzung zu qualifizieren sind[280]. Es ist sonach einer erweiterten Besteuerung im Sinne einer punktuellen Ausweitung der Bemessungsgrundlage das Wort zu reden[281].

---

275 A. A. – statt vieler – *Cornelius/Anwari*, EStB 2016, 266, 273; *Levedag* in Schmidt, EStG (37. Auflage 2018), § 20, Rn. 148.
276 *Stein* (Fn. 234), 63 ff.
277 BFH v. 24.10.2017, VIII R 13/15, BFHE 259, 535.
278 *Kleinsmann*, DStR 2009, 2359, 2360 (Ziff. 2.3).
279 *Kellersmann*, FR 2012, 57, 63.
280 *Helios/Link*, DStR 2008, 386, 388 f.; zur Kapitalnutzung u. Abgr. allg.: *Jachmann*, BB 2007, 1137.
281 *Stein* (Fn. 50), 89.

3. Auch ab 2009 nicht aufgegeben: Der Einkünftedualismus

Diese gut erkennbare Festhaltung des Gesetzgebers am sog. Dualismus der Einkunftsarten (Betriebsvermögen und Gewinneinkünfte einerseits, Privatvermögen und Überschusseinkünfte andererseits) ist auch unter dem Abgeltungsteuerregime jener Rahmen, in welchem die Einzelbestimmungen der Norm des § 20 EStG ausgelegt werden.

Der vom BFH in VIII R 13/15[282] formulierte Gedanke an ein legislatives Diktat einer generellen Substanzbesteuerung der Vermögensebene liegt danach fern, zumal der Gesetzgeber den Einkünften aus Kapitalvermögen ab dem Jahre 2009 ein punktuelles, ereignisbezogenes Konzept der Besteuerung zu Grunde legt. De lege lata – § 20 Abs. 2 S. 1 Nr. 7 i.V.m. S. 2 EStG – stellt die ausgefallene Forderung des Privatvermögens einen einkommensteuerrechtlich unbeachtlichen Vermögensschaden dar[283].

Die Entscheidung VIII R 13/15[284] übergeht die Evidenz des Gesetzes (§ 20 Abs. 2 S. 1 Nr. 7: Gewinn aus Veräußerung; § 20 Abs. 2 S. 2 EStG: enumerative Aufzählung) mit rechtsmethodisch fragwürdigen Einsichten.

Der Erkenntnis VIII R 13/15[285] ist bereits in deren Grundaussage – Paradigmenwechsel im Sinne einer vollständigen Wertzuwachsbesteuerung – nicht zu folgen. Mit Einführung der Abgeltungsteuer durch das UntStRefG 2008 ist gerade *keine* umfassende Wertzuwachsbesteuerung eingetreten[286], hat *kein* Paradigmenwechsel hin zu einer generellen Substanzbesteuerung stattgefunden[287], ist die Trennung zwischen Vermögensebene und Ertragsebene bei den Kapitaleinkünften *nicht* (generell) entfallen[288]:

Der Einkünftedualismus – die Norm des § 20 EStG ist den Überschusseinkünften nach § 2 Abs. 2 Nr. 2 EStG zugeordnet – wirkt auch innerhalb der Abgeltungsteuer-Schedule.

---

282 BFH v. 24.10.2017, VIII R 13/15, BFHE 259, 535.
283 FG Düsseldorf v. 11.3.2015, 7 K 3661/14 E, Rdn. 11 S. 3 (Vorinstanz zu: BFH v. 24.10.2017, VIII R 13/15, BFHE 259, 535); BMF v. 18.1.2016, BStBl I 2016, 85, Rz. 60.
284 BFH v. 24.10.2017, VIII R 13/15, BFHE 259, 535.
285 BFH v. 24.10.2017, VIII R 13/15, BFHE 259, 535.
286 *Stein* (Fn. 100), 26, 61 bis 66.
287 *Stein* (Fn. 50), 32 bis 35.
288 *Stein* (Fn. 234), 63 bis 71.

Die in § 20 Abs. 1 EStG erfassten Tatbestände setzen weiterhin auf Frucht-ziehung und die Abfassung des § 20 Abs. 2 EStG entspricht – jedoch punktuell ausgeprägtere Substanzerfassung als vor 2009 – in etwa der bisherigen Besteuerung gemäß §§ 17, 23 EStG a. F.

Kapital des Privatvermögens ist nicht ohne besonderen Realisationsakt, welchen[289] allein das Gesetz (in § 20 Abs. 2 EStG) diktiert, steuerverstrickt. Hätte der Gesetzgeber eine umfassende Substanzbesteuerung bei den Kapital-einkünften angestrebt, so hätte er die steuerlich relevanten Tatbestände an die Zu- und Abgänge eines zuvor definierten „Finanzvermögens" angeknüpft und hierzu Aufzeichnungspflichten für Wirtschaftsgüter, die dem steuerverstrickten Vermögen zuzuordnen wären, eingeführt[290].

So ist der Gesetzgeber jedoch nicht vorgegangen und „Verluste", die außer-halb der in § 20 EStG genau normierten Veräußerungstatbestände entstehen, sind – abgesehen von den betrieblichen Anlegern und den Fällen, die unter § 17 EStG fallen – auch unter dem Regime der Abgeltungsteuer steuerlich unbeachtlich[291].

Der Forderungsausfall ist ersichtlich nicht vom Wortlaut des § 20 EStG er-fasst. Daraus ist – argumentum e contrario – zu schließen, dass ein Verlust insofern steuerlich nicht anzuerkennen ist. Der Gesetzgeber hatte das Problem des Erlöschens (des sonstigen Untergangs) einer Rechtsposition erkannt und bewusst nicht in besonderer Weise zu Gunsten des Kapitalanlegers ge-regelt[292]:

Bei einem Forderungsausfall (etwa bei Zahlungsunfähigkeit des Schuldners bzw. Insolvenz des Emittenten) liegt kein Rechtsträgerwechsel und sonach keine Veräußerung oder ein veräußerungsgleicher Vorgang vor. Vergleich-bares gilt beim Forderungsverzicht (auch gegen Besserungsschein), soweit keine verdeckte Einlage in eine Kapitalgesellschaft vorliegt: Anschaffungs-kosten sowie Anschaffungsnebenkosten bleiben steuerlich unbeachtlich und ein Verlust ist (außerhalb des Anwendungsbereichs des § 17 EStG) steuerlich nicht anzuerkennen.

---

289 Wir erinnern uns an den Grundsatz der Tatbestandsmäßigkeit der Besteuerung (§ 3 Abs. 1 AO, Art. 20 Abs. 3 GG).
290 *Stein* (Fn. 100), 63.
291 *Stein* (Fn. 100), 64.
292 *Stein* (Fn. 100), 65, auch mit Hinweis auf ZKA vor FinA.

4. Fiskus „im Recht"

a) Anerkennung und Anwendung kodifizierten Rechtes durch den Fiskus

Die Auffassung der Finanzverwaltung[293] erweist sich also als treffend. Die Norm des § 20 Abs. 2 EStG beruht auf dem Plan des Gesetzgebers, die dort aufgeführten Wertveränderungen in der Vermögenssphäre zum Zeitpunkt der Realisation zu erfassen. Eine vollständige (jedenfalls über die in § 20 Abs. 2 EStG gesetzten Tatbestände hinausgehende) Erfassung von Wertveränderungen in der Vermögensspähre ist gesetzlich zudem nicht vorgesehen.

Die Herstellung einer diesbezüglichen Rechtsänderung könnte also nur eine punktuelle Umgestaltung des Primärrechts – etwa eine Katalogerweiterung des § 20 Abs. 2 Satz 2 EStG[294] – bewirken. Ohne solch explizite Änderung des kodifizierten Rechts verbleibt es bei dem gut erkennbaren Willen des Gesetzgebers auch unter dem Abgeltungsteuerregime nicht auf erloschene / verfallene Rechtspositionen zuzugreifen[295]: Der schlichte Untergang von privatem Kapital[296] ist nicht von der Norm des § 20 Abs. 2 EStG erfasst (Schaden auf der privaten Vermögensebene).

b) Kritische Bewertung der Literatur-Kritik zur Auslegung des BMF

Man soll das flüchtige Wort[297] nicht auf die *„Goldwage"* legen. Vertretbares darf gleichwohl anerkannt bleiben:

aa) Auslegung contra legem?

Im Nachgang zur Sache VIII R 13/15[298] hat *Jachmann-Michel*[299] deutliche Kritik an der Auslegung des Fiskus wie folgt geäußert:

„Demgegenüber verschließt sich das BMF der grundlegenden systematischen Abkehr von der Trennung zwischen Vermögen und Ertrag im Rahmen der Abgeltungsteuer, wenn es Verluste aus dem Ausfall einer Forderung nicht

---

293 BMF v. 18.1.2016, BStBl I 2016, 85, Rz. 60.

294 *Kleinsmann*, DStR 2009, 2359, 2361 (Ziff. 5).

295 *Stein* (Fn. 100), 90.

296 Etwa: Forderungsverzicht, Forderungsausfall insbesondere bei der Insolvenz des Emittenten, Liquidation einer AG, wertloser Verfall eines Wertpapiers insbesondere bei Zertifikaten und Optionen (*Stein*, Fn. 234; *Stein*, Fn. 100), Zahlungen aus einer Rechtsverpflichtung etwa beim Barausgleich des Stillhalters (*Stein*, Fn. 48; *Stein*, Fn. 50).

297 *Jachmann-Michel*, StuW 2018, 9, 15 lt. Sp: *„Es [Verfasser:* das BMF*] folgt insoweit contra legem* [Hervorhebung durch: *Verfasser*] *der dem alten Recht zugrunde liegenden Quellentheorie bzw. Trennungstheorie .."*.

298 BFH v. 24.10.2017, VIII R 13/15, BFHE 259, 535.

299 *Jachmann-Michel* in: StuW 2018, 9, 15; BB 2018, 854, 859.

anerkennt (BMF v. 18.1.2016 – VI C 1 – S 2252/08/10004, BStBl. I 2016, 85, Rz. 60, 61). Es folgt insoweit contra legem der dem alten Recht zugrunde liegenden Quellentheorie bzw. Trennungstheorie, wonach steuerlich beachtlich nur die Einnahmen/Werbungskosten und nicht die Wertveränderungen auf der Vermögensebene sein sollen."

Zunächst geht es um die Frage, wie Literaturäußerungen[300] im Rahmen einer Auslegungsnachkontrolle von Urteilen des BFH zu bewerten sind, wenn ersichtlich ist, dass der kommentierende Literat an der zur Nachkontrolle anstehenden Auslegung des Gerichts selbst aktiv teilgenommen[301] hat. Zwar kann solchen Literaten, welche zugleich Akteur sind, schwerlich abverlangt werden, dass sie sich (etwa im Rahmen eines „Literatur-Minderheiten-Votums") öffentlich gegen die Entscheidung *„ihres"* Spruchkörpers stellen.

Allein Sachlichkeit kann nicht schaden und es reichte ja schon eine Beistimmung zu dieser Einsicht: Eine gut vertretbare Auslegung – hier diejenige des BMF & Länder – kann nicht **contra legem** sein. Damit geht die hier zu beanstandende Kritik *Jachmann-Michel's*[302] nicht konform. Im Einzelnen:

Es bleibt schwer verständlich, wie es zu Kritik dieser Art – *Jachmann-Michel*[303] spricht der Auffassung des Fiskus deren Vertretbarkeit ab – kommen kann. Wenn es etwa heißt *„verschließt sich das BMF"*[304], so schwingt damit zugleich der Vorwurf mit, der Fiskus verkenne gleichsam bezweckt jene Rechtslage, die sich ihm bei methodischer Auslegung des Gesetzes aber aufdrängen musste.

Solcher Kritik ist mit Blick auf das Gesetz zu widersprechen: Das Recht gilt weil es gesetzt ist und eine Rekonstruktion des Gedankens, der im Gesetz ausgesprochen wird, muss aus dem Gesetz selbst erkennbar (zumindest angedeutet) sein. Nach der hier begründeten Einschätzung – Auslegungsziel ist Sinn- und Inhaltsermittlung der Normen – hält der o. a. Vorwurf *Jachmann-Michel's*[305], der Fiskus habe in Sachen Forderungsausfall *„contra legem"* ausgelegt, einer näheren Nachprüfung nicht stand.

---

300 Zu BFH v. 24.10.2017, VIII R 13/15, BFHE 259, 535 etwa: *Jachmann-Michel* in: StuW 2018, 9, 14 f.; jM 2018, 124; HFR 2018, 135; Ubg 2018, 174; BB 2018, 854, 858 f.

301 Etwa: *Jachmann-Michel*, StuW 2018, 9, re. Sp. (* vor Fn. 1); BB 2018, 854, 864 (nach Foto).

302 *Jachmann-Michel* in: StuW 2018, 9, 15; BB 2018, 854, 859.

303 *Jachmann-Michel* in: StuW 2018, 9, 15 (lt. Sp); BB 2018, 854, 859.

304 *Verfasser* dazu am Rande: Es handelt sich in Tatsächlichkeit nicht um eine Auslegung des BMF sondern um eine solche des BMF und der Länder.

305 *Jachmann-Michel* in: StuW 2018, 9, 15 (lt. Sp); BB 2018, 854, 859.

Vielmehr offenbarte der VIII. Senat des BFH mit dessen Einsicht VIII R 13/15[306] eine Abkehr von der nötigen Auslegungsdisziplin, wenn dieser – ohne diesbezügliche Grundlage im Gesetz – bei den Kapitalanlagen ab dem Jahre 2009 einer nunmehr grundlegenden Abkehr vom tradierten Grundsatz der Trennung zwischen Vermögen (Kapitalstamm) und Ertrag (Frucht) das Wort redet.

Eine solch weitreichende Abkehr wie sie der VIII. Senat aber nun behauptet, müsste im Gesetze selbst zu verorten sein: Die mit Wirkung ab dem Jahre 2009 gesetzte Norm des § 20 EStG[307] enthält Regeln um die Entscheidung des Richters zu objektivieren (und den Anteil von Dezisionen so gering wie möglich zu halten). Anhand nämlicher Regeln (s.o.) musste der Erstinterpret (Fiskus) notwendig erkennen, dass – der Gesetzgeber wollte die Steuerbarkeit ersichtlich auf die im Gesetz (§ 20 Abs. 2 EStG) genannten Tatbestände beschränken[308] – eine legislative Ausnahmeregelung für den Forderungsausfall (sowie den Forderungsverzicht u.a.m.) im Binnensystem des § 20 EStG nicht fehlt (seitens des Gesetzgebers nicht vorgesehen war).

Eine derart umfassende Ausweitung der Steuerbarkeit – wie sie VIII R 13/15[309] aber explizit andeutet („Paradigmenwechsel") – auf alle irgendwie denkbaren Tatbestände (etwa: schlichter Untergang eingesetzten Kapitals) kann also nicht dem Willen des historischen Gesetzgebers entsprochen haben.

bb) Vertretbarkeit der Auslegung des Fiskus

Also auch diejenigen, welche die Rechtslage grundlegend anders beurteilen[310] (also gleichwohl an der Überzeugungskraft der Auslegung des Fiskus samt Mehrheit der Untergerichte zweifeln), sind – auch im Interesse eines fairen Umganges miteinander – eingeladen, die bisherige Auffassung des Fiskus nochmals auf dessen Vertretbarkeit zu prüfen.

aaa) Vorinstanz mit dem Fiskus

Indizien für eine solche Vertretbarkeit könnten – neben den genannten Argumenten zur reinen Auslegung – etwa sein, dass die Vorinstanz[311] die

---

306 BFH v. 24.10.2017, VIII R 13/15, BFHE 259, 535.
307 Legislative Unterscheidung: Abs. 1: Besteuerung der Frucht in den dort genannten Fällen, Abs. 2 grds.: Besteuerung von dort bestimmten Wertveränderungen beim Kapitalstamm.
308 Vorinstanz: FG Düsseldorf v. 11.3.2015, 7 K 3661/14 E.
309 BFH v. 24.10.2017, VIII R 13/15, BFHE 259, 535.
310 Stellvertretend hier: *Jachmann-Michel*, StuW 2018, 9, 15 lt. Sp.
311 FG Düsseldorf v. 11.3.2015, 7 K 3661/14 E.

Rechtslage ebenso wie der Fiskus beurteilt hat: Fortgeltung der Trennung von Vermögens- und Ertragsebene bei Beschränkung auf die im Gesetz angesprochenen Tatbestände.

bbb) Divergenz zwischen dem IX. und dem VIII. Senat des BFH

Es gibt weitere objektive Indizien für die Vertretbarkeit der bisherigen Verwaltungsauffassung: Im Rahmen der Beantwortung von Streitfragen zur Besteuerung von Termingeschäften stand der BFH bereits vor der Frage, ob der Wertlosverfall einer Option infolge eines Paradigmenwechsels in die Steuerbarkeit „hineinrutschen" würde. Gemeint ist die Sache IX R 49/14[312]:

Die dortige Vorinstanz[313] hatte nämlich ausgeführt, nach Einführung der Abgeltungsteuer werde nicht mehr zwischen Vermögensebene und Ertragsebene unterschieden. Weil sämtliche positiven Vermögenszuwächse beim Optionskäufer, die er durch die Ausübung oder Veräußerung der Option erlangt hat, nach § 20 EStG der Besteuerung unterlägen, müssten auch vergebliche Optionsgeschäfte, die zu einer Minderung des Vermögens geführt haben, bei der Besteuerung berücksichtigt werden[314].

Damit aber hatte die dortige Vorinstanz[315] (im Jahre 2014) – jedenfalls im Ergebnis – nichts anderes behauptet, als der VIII. Senat im Jahre 2017[316]: Mit Einführung der Abgeltungsteuer ab dem Jahre 2009 sei die Unterscheidung zwischen Quellenbesteuerung und Quellenverwertung entfallen[317].

Die hierzu nachgehende BFH-Entscheidung IX R 49/14[318] – eine Sache für die der IX. Senat des BFH erst im Rahmen einer nachträglichen[319], mit Blick auf den Zeitpunkt des Jahreswechsels gleichwohl nicht verfassungswidrigen[320], Zuständigkeitsänderung verantwortlich gemacht worden war – stützt sich aber gerade nicht auf diese These:

---

312 BFH v. 12.1.2016, IX R 49/14, BStBl II 2016, 459.

313 FG Düsseldorf v. 27.6.2014, 1 K 3740/13 E.

314 Das FG Düsseldorf (Fn. 313) verkannte indessen, dass auch das Besteuerungskonzept ab dem Jahre 2009 unter Beibehaltung der grundsätzlichen Trennung von Vermögens- und Ertragsebene von einer nur punktuellen steuerlichen Verstrickung der Vermögensebene bei Kapitalanlagen ausgeht: Dazu eingehend bereits *Stein* (Fn. 234), 63 bis 71.

315 FG Düsseldorf v. 27.6.2014, 1 K 3740/13 E.

316 BFH v. 24.10.2017, VIII R 13/15, BFHE 259, 535.

317 So zuletzt wieder *Jachmann-Michel*, BB 2018, 854, 859 (und öfter).

318 BFH v. 12.1.2016, IX R 49/14, BStBl II 2016, 459.

319 Die Sache war beim – regulär zuständigen – VIII. Senat unter dem Aktenzeichen VIII R 31/14 eingelaufen.

320 Zu dieser nachträglichen Verschiebung der Zuständigkeit vom VIII. Senat auf den IX. Senat eingehend:

Vielmehr verzichtet der IX. Senat des BFH in seinen Gründen auf einen grundsätzlichen Vortrag dergestalt, eine Trennung zwischen Ertrags- und Vermögensebene sei dem Besteuerungskonzept der Abgeltungsteuer fremd[321]. Dies ist insofern bemerkenswert, als solcher Vortrag (eines grundlegenden legislativen Systemwechsels) das vom IX. Senat – methodenwidrig[322] – gefundene Ergebnis (gleichsam im Sinne eines „Jokers") einwandfrei gestützt hätte. Der IX. Senat hat sich indessen damit zurückgehalten.

Dies ist als deutlicher Hinweis darauf zu verstehen, dass schon der IX. Senat des BFH Zweifel an der Existenz des von seiner Vorinstanz[323] behaupteten grundlegenden Systemwechsels hatte. Es ist also zu erkennen, dass der IX. Senat und der VIII. Senat die Rechtslage insofern unterschiedlich beurteilen: Während der IX. Senat einen Systemwechsel im Verständnis einer vollständigen Wertzuwachsbesteuerung bei Kapitalanlagen (gleichsam stillschweigend) verneint, verwendet sich der VIII. Senat[324] ganz im Sinne einer Bejahung.

Diese Divergenz zwischen den beiden Senaten ist auch der Entscheidung IX R 57/13[325] zu entnehmen: Dort hatte sich der IX. Senat (zu Kaiptalgesellschafts-Auflösungsverlusten[326]) gleichfalls nicht zu einer „allgemeinen" steuerlichen Anerkennung vom „Quellenverlusten" gemäß § 20 Abs. 2 EStG bekannt bzw. durchringen können[327].

Letztlich ist auch diese Divergenz der seinerzeitigen nachträglichen Verschiebung der Zuständigkeit vom VIII. Senat auf den IX. Senat geschuldet: Mit dieser Zuständigkeitsentscheidung hatte das Präsidium des BFH – im Ergebnis – für geltendes Recht eine „weitere Instanz" geschaffen. Denn der für geltendes Recht (hier: Abgeltungsteuer ab dem Jahre 2009) unzuständige IX. Senat des BFH wurde auf diese Weise – zwei Spruchkörper des Gerichts sind mit demselben Rechtsproblem befasst – zum „Vorderrichter" VIII. Senates des BFH[328].

Stein (Fn. 234, 95 ff.; Fn. 100, 13 ff.: Kein Verstoß gegen das Gebot des „gesetzlichen Richters".

321 *Stein* (Fn. 100), 26.

322 Zum Nachweis, weshalb eine Fehlentscheidung des IX. Senates des BFH (gemeinsam mit IX R 48/14 sowie IX R 50/14: „Kopie" der Begründung in allen drei Fällen) vorliegt: *Stein* (Fn. 100), 13 bis 35.

323 FG Düsseldorf v. 27.6.2014, 1 K 3740/13 E.

324 BFH v. 24.10.2017, VIII R 13/15, BFHE 259, 535, Rdn. 13.

325 BFH v. 12.5.2015, IX R 57/13, BFH/NV 2015, 1364.

326 Siehe hier: Seite 22 f.

327 Vgl. *Jachmann-Michel*, jM 2016, 118, 121 f.

328 *Stein* (Fn. 100), 13.

Sodann stellte sich aber heraus, dass die Vorstellungen beider Senate vom Besteuerungskonzept des Gesetzgebers ab dem Jahre 2009 (Einführung der Abgeltungsteuerregimes) voneinander abweichen.

ccc) Divergenz zur eigenen Senatsrechtsprechung?

Wer genau hinsieht, kann schließlich eine Divergenz zur Rechtfindung des eigenen Senates ausmachen: Es geht um die aus dem Jahre 2015 stammende Erkenntnis VIII R 37/13[329], deren gleichheitsrechtlich dominierte Auslegung zwar auch den Begriff des „Paradigmenwechsels" verwendet, jedoch vornehmlich mit Blick auf die Schedulisierung des Rechts ab dem Jahre 2009[330].

Wenn ein „*Paradigmenwechsel*" im Sinne einer vollständigen Wertzuwachsbesteuerung aller Kapitalanlagen ab dem Jahre 2009 jedoch so eindeutig zu auszumachen ist, wie es der VIII. Senat im Jahre 2017 mit seiner Sache VIII R 13/15[331] (erstmals so) erklärt, weshalb hat dies der Senat nicht schon in seiner früheren Entscheidung VIII R 37/13[332] so erwähnt?

cc) Fazit: Unberechtigte Kritik

Fazit oder anders gewendet: *Jachmann-Michel*[333] musste – auch mit Blick auf die Gründe der Vorinstanz[334] zu VIII R 13/15[335] – klar sein, dass die

---

329 BFH v. 3.11.2015, VIII R 37/13.

330 BFH v. 3.11.2015, VIII R 37/13, Rdn. 25 f.: „ *Der Gesetzgeber hat mit der Einführung der Abgeltungsteuer nicht nur eine punktuelle Änderung einzelner Besteuerungsgrundlagen, sondern einen grundlegenden Systemwechsel hinsichtlich der Besteuerung von Kapitaleinkünften ins Werk gesetzt. Er hat die Einkünfte aus Kapitalvermögen, die nicht vorrangig anderen Einkunftsarten zuzuordnen sind, durch die Einführung einer Schedule von der nach § 2 EStG zu berechnenden synthetischen Einkommensteuer ausgenommen. Dabei weist die Neuregelung der Besteuerung von Kapitaleinkünften angesichts der Eckpunkte des Paradigmenwechsels das für einen Prinzipien- und Systemwechsel erforderliche Mindestmaß aus: Einkünfte aus Kapitalvermögen im privaten Bereich unterliegen nicht mehr dem progressiven Steuersatz gemäß § 32a EStG, sondern werden mit einem Steuerabzug in Höhe von 25 % (zuzügl. Solidaritätszuschlag und Kirchensteuer) pauschal abgeltend besteuert (§ 32d Abs. 1 Satz 1, § 43 Abs. 5 Satz 1 EStG i.d.F. des UntStRefG 2008). Das Halbeinkünfteverfahren findet keine Anwendung mehr. Der Gewinn aus der Veräußerung von Wertpapieren, die nach dem 31. Dezember 2008 angeschafft wurden, unterliegt nicht mehr der Besteuerung nach § 23 EStG, sondern unabhängig von einer Haltefrist der Besteuerung nach § 20 Abs. 2 Satz 1 Nr. 1 EStG i.d.F. des UntStRefG 2008. Der Sparer-Freibetrag und Werbungskosten-Pauschbetrag wurden zu einem Sparer-Pauschbetrag in Höhe von 801 EUR zusammengefasst. Der Abzug der tatsächlich entstandenen Werbungskosten ist -- im Unterschied zu der alten Regelung -- gemäß § 20 Abs. 9 EStG i.d.F. des UntStRefG 2008 ausgeschlossen. Dies gilt nach der gesetzlichen Regelung auch dann, wenn der Steuerpflichtige im Rahmen der Günstigerprüfung die Anwendung des progressiven Steuersatzes wählt (§ 20 Abs. 9, § 32d Abs. 6 EStG i.d.F. des UntStRefG 2008). Schließlich sind Verluste aus Kapitaleinkünften aufgrund der Einführung der Schedule nur noch beschränkt verrechenbar (§ 20 Abs. 6 EStG i.d.F. des UntStRefG 2008).* ".

331 BFH v. 24.10.2017, VIII R 13/15, BFHE 259, 535.

332 BFH v. 3.11.2015, VIII R 37/13, BStBl II 2016, 273.

333 *Jachmann-Michel* in: StuW 2018, 9, 15 lt. Sp; BB 2018, 854, 859.

Auslegung des Fiskus ernstlich vertretbar ist[336]. Wenn *Jachmann-Michel*[337] dem Fiskus in Sachen Forderungsausfall gleichwohl eine Auslegung contra legem unterstellt, so müsste dergleichen – unter Zuhilfenahme anerkannter Auslegungsregeln – dezidiert begründbar sein. Daran fehlt es aber bislang: Solche Arbeit haben weder (a) *Jachmann-Michel*[338] noch (b) der VIII. Senat des BFH[339] geleistet.

Die hier beanstandete Kritik *Jachmann-Michel's*[340] ist umso bedauerlicher, als sich der VIII. Senat des BFH – welchem *Jachmann-Michel* vorsitzt[341] – mit dem Gründen der Auslegung des Fiskus nicht erwägend befasst hat.

Jedenfalls geben die Gründe in VIII R 13/15[342] dazu nichts her und damit wird bereits die Art der Abfassung der Gründe des VIII. Senates, nämlich der Verzicht auf eine eingehende Abwägung der beiden gegensätzlichen Auslegungen, dem seit gut einer Dekade intensiv[343] geführten Streitgespräch zur Steuerbarkeit des Forderungsausfalls nicht gerecht.

Bei dieser Vorgeschichte könnte aber nur eine eingehende Abwägung der von beiden Parteien vorgetragenen Gründe die nötige Aufklärung zwecks Überzeugung erbringen: Die jeweils angeführten Argumente müssen – was freilich Mühe bereitet und eine eingehende Befassung mit der Materie erfordert – im Wege eines methodischen Abwägungsprozesses eingehend behandelt werden.

Wie erwähnt fand eine erwägende Auseinandersetzung mit den Gründen des Fiskus in der Beweisführung VIII R 13/15[344] aber gerade nicht statt.

---

334 FG Düsseldorf v. 11.3.2015, 7 K 3661/14 E.

335 BFH v. 24.10.2017, VIII R 13/15, BFHE 259, 535.

336 Zumal auch die Rechtsprechung der Untergerichte mit Bezug zu Verlusten bei § 20 Abs. 2 EStG mehrheitlich der Auslegung des Fiskus gefolgt ist: FG Düsseldorf v. 11.3.2015, 7 K 3661/14 E, Rdn. 11 (nachgehend a.A.: BFH v. 24.10.2017, VIII R 13/15, BFHE 259, 535); FG Düsseldorf v. 23.11.2016, 7 K 2175/16 F (Rev.: **VIII R 34/16**); FG Köln v. 18.1.2017, 9 K 267/14, Rdn. 51 (Rev. **X R 9/17**); FG Berlin-Brandenburg v. 20.1.2016, 14 K 14040/13 (Rev.: **VIII R 18/16**); ebenso wie die Finanzverwaltung etwa auch: *Ratschow* in: Blümich, EStG, § 20 Rz. 353c, Stand: 08/2015; *Gast* (Fn. 88), 148; *Jochum*, in: Kirchhof/Söhn, EStG, § 20, Stand: März 2017 [277. Aktual.], Rdn. **D/9: 18, 22, 23, 25.**

337 *Jachmann-Michel*, StuW 2018, 9, 15 lt. Sp.

338 *Jachmann-Michel*, StuW 2018, 9, 15 lt. Sp.

339 BFH v. 24.10.2017, VIII R 13/15, BFHE 259, 535.

340 *Jachmann-Michel* in: StuW 2018, 9, 15 lt. Sp; BB 2018, 854, 859.

341 Etwa: *Jachmann-Michel*, StuW 2018, 9, re. Sp. (* vor Fn. 1).

342 BFH v. 24.10.2017, VIII R 13/15, BFHE 259, 535.

343 Vgl. hier nur die Arbeiten von: *Gast* (Fn. 88); *Jochum*, in: Kirchhof/Söhn, EStG, § 20, Stand: März 2017 [277. Aktual.], Rdn. **D/9: 18, 22, 23, 25.**

344 BFH v. 24.10.2017, VIII R 13/15, BFHE 259, 535.

Der VIII. Senat verzichtet[345] sogar auf eine Wortlautinterpretation, auf welche sich der Fiskus und die Vorinstanz aber (auch) abgestützt hatten.

Zudem hätte der VIII. Senat bedenken können, dass es einen „tiefer liegenden" Rechtsgrund geben muss, wenn der Fiskus seine Auslegung – auch gegen die h. M. der Literatur[346] – über mehr als neun Jahre aufrecht erhielt. Es geht hier – im Interesse des Vollzugs einer objektiven Gesetzesauslegung – vornehmlich darum, den Fiskus mit dessen Rechtsvortrag gebührend zu hören:

Auch dem Erstinterpreten ist bekannt, dass die Kompetenz zur Schließung von Gesetzeslücken in erster Linie bei der Legislative selbst liegt. Es ist vor diesem Hintergrund als gesetzeskonform einzustufen, wenn der Fiskus anerkannte, dass der Steuergesetzgeber durch eine enumerative Aufzählung der Ersatztatbestände in der Norm des § 20 Abs. 2 S. 2 EStG zu erkennen gegeben hat, dass er eine Ausdehnung des gesetzlichen Anwendungsbereichs auf dort nicht genannte Fälle, nicht zulässt („enumeratio ergo limitatio").

Diese Ausschlusswirkung für alle nicht von der Norm des § 20 Abs. 2 S. 2 Hs. 1 EStG erfassten Tatbestände, wie etwa den Forderungsausfall, den Forderungsverzicht u.a.m., kann nicht durch Auslegung beseitigt werden.

Es sei denn, es läge insofern eine erkennbare planwidrige Gesetzeslücke vor. Dergleichen hat der VIII. Senat jedoch nicht unter Beweis gestellt bzw. nicht einmal angesprochen[347]. Es fehlen sonach die Voraussetzungen dafür, den gesetzlich ungeregelten Sachverhalt (Forderungsausfall) mit der Rechtsfolge einer vorhandenen Regelung (Veräußerung) zu regeln[348].

Auch die Option einer (zulässigen) verfassungskonformen Auslegung[349] scheidet wie erwähnt bereits deshalb aus, weil der VIII. Senat weder zu erkennen bzw. auszuführen vermochte, es seien mehrere[350] Möglichkeiten der Normauslegung denkbar.

---

345 Vgl. auch: *Brombach-Krüger*, Ubg 2018, 178, 179.

346 ... welche mitunter interessengeleitet ist ...

347 Siehe hier: Seite 31 ff.

348 A. A. *Jachmann-Michel*, BB 2018, 854, 858: „*Was Rückzahlung meint, ist auch aus den Merkmalen der Veräußerung abzuleiten*"; *Weiss*, NWB 2018, 544, 545: „*Nach der Regelung des § 20 Abs. 2 Satz 2 „gelten" diese Ersatzereignisse als „Veräußerung" i. S. des Satzes 1, so dass sie dieselben Rechtsfolgen nach sich ziehen.*".

349 Siehe hier: Seite 36 ff.

350 Siehe hier: Seiten 36 u., 38 o.

Auch *Jachmann-Michel*[351] hält ein anderes Auslegungsergebnis, als das vom VIII. Senat[352] gefundene, offenkundig für nicht denkbar[353].

Jedenfalls – Fazit – kann es nach alledem keinen ernstlichen Zweifel an der Vertretbarkeit der Auslegung der Finanzverwaltung geben, weshalb die Kritik *Jachmann-Michel's*[354] an nämlicher Auslegung des Fiskus als sachlich nicht gerechtfertigt zu beurteilen ist.

Begründete Beanstandungen sind vielmehr in anderer Hinsicht angebracht: Es verdichten sich – nach eingehender Auswertung der Sache VIII R 13/15[355] – eine Reihe von „Indizien" zu der These, die Auslegung des VIII. Senates sei ihrerseits als contra legem[356] einzustufen. Jedenfalls ist eine zulässige Auslegungsmethode noch immer nicht ausgemacht. Wir prüfen deshalb weiter:

dd) Wirtschaftliche Betrachtungsweise (ist Teleologie)

Die Herleitung des VIII. Senates wird in Teilen der Literatur als eine Art *„ wirtschaftliche Betrachtungsweise "*[357] beschrieben[358]. Die Debatte zur Methode sieht – mit Blick auf die Option zur Teleologie – eine Auslegungs-

---

351 *Jachmann-Michel* in: StuW 2018, 9, 15 lt. Sp; BB 2018, 854, 859.

352 BFH v. 24.10.2017, VIII R 13/15, BFHE 259, 535.

353 Die Ordinaria hält – so ließt es der *Verfasser* („ *contra legem* " und „ *verschließt sich das BMF* ") – nur eine einzige Auslegung, nämlich diejenige des VIII. Senates des BFH, für überhaupt denkbar (vgl. zum „Paradigmenwechsel" auch BB 2018, 854, 857. dort Fn. 45: *Jachmann-Michel* hat keine einzige andere Ansicht angeführt).

354 *Jachmann-Michel* in: StuW 2018, 9, 15 lt. Sp; BB 2018, 854, 859.

355 BFH v. 24.10.2017, VIII R 13/15, BFHE 259, 535.

356 Insofern gegensätzlich: *Brombach-Krüger*, Ubg 2018, 178, 179: „.... *die Entscheidung kann von der Sache her als nachvollziehbar bewertet werden. Im Ergebnis ändert das aber nichts an der Tatsache, dass der BFH hier eine Entscheidung contra legem getroffen hat, die sich ... auch nicht durch Analogie begründen lässt* ". [*Verfasser* dazu: Eine rechtsmethodisch einigermaßen erklärliche Auslegung („*von der Sache her ... nachvollziehbar* ") kann nicht „ *contra legem* " sein. Es fehlt aber schon – insofern ist *Brombach-Krüger* zu widersprechen – an einer rechtsmethodischen Nachvollziehbarkeit des vom VIII. Senat des BFH entfalteten Rechtsvortrages. *Brombach-Krüger* klärt in ihrem Literaturbeitrag insbesondere nicht nachvollziehbar auf, was sie mit „*von der Sache her als nachvollziehbar* " genau meint. Kurz: Wer behauptet, ein Urteil sei „*nachvollziehbar* " wird dies auch – methodisch nachvollziehbar – belegen können: Diese Arbeit leistet *Brombach-Krüger* indessen nicht.].

357 *Brombach-Krüger*, Ubg 2018, 178, 179: „ *Vielmehr stellt er zur Begründung seiner Auffassung auf das Gebot der Folgerichtigkeit und eine wirtschaftliche Betrachtungsweise ab.* " [*Verfasser* dazu: Die sog. wirtschaftliche Betrachtungsweise ist eine Spielart teleologischer Auslegung. Wenn *Brombach-Krüger* jedoch zugleich vorträgt, der VIII. Senat des BFH habe eine „*Entscheidung contra legem getroffen .., die sich ... auch nicht durch Analogie begründen lässt* " stellt sie sich ihrer eigenen Argumentation („*Folgerichtigkeit und eine wirtschaftliche Betrachtungsweise* " siehe auch „*von der Sache her ... nachvollziehbar* ") immediat entgegen].

358 Wohl mit Blick auf BFH v. 24.10.2017, VIII R 13/15, BFHE 259, 535, Rdn. 17 S. 2: „ *Wirtschaftlich betrachtet macht es keinen Unterschied, ob der Steuerpflichtige die Forderung noch kurz vor dem Ausfall zu Null veräußert, oder – weil er keinen Käufer findet oder auf eine Quote hofft – behält* ".

regel der *„wirtschaftlichen Betrachtungsweise"* allerdings nicht mehr vor[359]. Anders gewendet ist eine *„wirtschaftliche Betrachtungsweise"* – so man diesen überkommenen Begriff noch verwenden will – nur eine „Spielart" teleologischer Auslegung.

Soweit Teile der (Auslegungs-)Literatur eine *„wirtschaftliche Betrachtungsweise"* (überhaupt noch) erörtern[360], weisen sie zugleich darauf hin, dass eine wirtschaftliche Betrachtungsweise (a) das Fehlen eines gesetzlichen Tatbestandsmerkmals nicht ersetzen kann, (b) den Sachverhalt nicht ohne Rücksicht auf den gesetzlichen Tatbestand zu qualifizieren vermag[361] und (c) eine Fallvergleichung, welche den möglichen Wortsinn des Gesetzes überschreitet, nicht zulässig ist[362]. Kurz: Eine (vermeintlich) *„wirtschaftliche Betrachtungsweise"* kann keine Ersatzbegründung für ein Ergebnis liefern, welches vermittels klassischer Auslegungsmethoden nicht gefunden werden kann.

Rechtsmethodischen Grundsätzen der Gesetzesanwendung hält die Entscheidung VIII R 13/15[363] – nach der *hier* gewonnenen Einsicht – aber gerade nicht stand. Dies gibt (dem *Verfasser*) deshalb Anlass zur Sorge, weil jede wortsinnübersteigende Gesetzesanwendung einer besonderen Legitimation bedarf.

Zuvörderst zu denken wäre an eine vom Gesetzgeber unbeabsichtigt gelassene Lücke, wenn derlei Planwidrigkeit aufgrund konkreter Umstände positiv festgestellt werden kann. Der VIII. Senat aber fasst – nämlich stillschweigend – bereits das Schweigen des Gesetzgebers zum Forderungsausfall als planwidrige Lücke auf, um diese im Wege einer teleologischen Auslegung zu schließen. Damit verkennt der VIII. Senat den Normalfall schlüssiger Auslegung von Steuerrechtsnormen:

Das „Schweigen" des Gesetzgebers (insbesondere in seiner Norm des § 20 Abs. 2 Satz 2 EStG: enumeratio ergo limitatio) etwa zum Wertlosverfall von Optionen[364], zum verlorenen Barausgleich des Stillhalters[365], zum Forderungsverzicht, zu Anlegerverlusten aus der Liquidation einer Kapitalgesellschaft sowie zum Forderungsausfall drückt aus, dass der Gesetzgeber eine

---

[359] *Ruppe* in: H/H/R, Einf. ESt (Stand 02/1990, E 312), Anm. 650 (Archiv des Verlages).

[360] *Drüen* in: Tipke/Kruse, AO, § 4 (Stand: 05/2015), Anm. 320 ff.

[361] *Drüen* in: Tipke/Kruse, AO, § 4 (Stand: 05/2015), Anm. 334.

[362] *Drüen* in: Tipke/Kruse, AO, § 4 (Stand: 05/2015), Anm. 335.

[363] BFH v. 24.10.2017, VIII R 13/15, BFHE 259, 535.

[364] Siehe Fn. 230 sowie 369 und eingehend: *Stein*, Fn. 100 sowie 234.

[365] Siehe Fn. 230 sowie 369 und eingehend: *Stein*, Fn. 48 sowie 50.

diesbezügliche Steuerbarkeit nicht regeln wollte. Mangels Steuerbarkeit – dies übersieht der VIII. Senat des BFH – scheidet auch ein steuerlicher Verlustansatz aus[366].

Allein durch „Nichtstun" setzt der Gesetzgeber kein Recht oder besser: Das Steuerrecht kennt keinen per se steuerbaren Sachverhalt. Eine solche Entscheidung des Gesetzgebers drückt sich im Wortlaut[367] der Steuernorm aus.

Angesichts des Tatbestandsmäßigkeitsgrundsatzes (§ 3 Abs. 1 AO; Art. 20 Abs. 3 GG) lässt sich (auch) in Sachen „Forderungsausfall" – dem Gesetzgeber war diese Problematik[368] wie erwähnt im Jahre 2007 bekannt[369] – eine Auslegung über den Wortlaut des Gesetzes (insbesondere des § 20 Abs. 2 Satz 2 EStG) hinaus auch nicht als vermeintliche „wirtschaftliche Betrachtungsweise" (des BFH) – insofern ist Brombach-Krüger[370] also zu widersprechen – rechtfertigen.

Fazit: „Wirtschaftliche Betrachtungsweise" ist Teleologie und für eine Sinn-und-Zweck-Auslegung bietet das Gesetz in Sachen Forderungsausfall keinen Raum.

5. Gesetzgeber am Zug?

Mit seiner Vorgehensweise, dem nach Sinn und Wortlaut eindeutigen Gesetz (insbesondere: 20 Abs. 2 Satz 1 Nr. 7 sowie Satz 2 Hs. 1 EStG) einen entgegengesetzten Sinn beizulegen, greift der VIII. Senat womöglich unzulässig in die Kompetenzen des demokratisch legitimierten Gesetzgebers ein[371].

---

366 Bereits: *Jochum*, in: Kirchhof/Söhn, EStG, § 20, Stand: März 2017 [277. Aktualisierung], Rdn. D/9 24: *„Vielmehr liegt der Schluss nahe, dass der Gesetzgeber bewusst auf eine umfassende Verlustberücksichtigung verzichtet hat".*

367 Vgl. *Jochum*, in: Kirchhof/Söhn, EStG, § 20, Stand: März 2017 [277. Aktualisierung], Rdn. D/9 18: *„Daher verbietet es der Wortlaut des § 20 Abs. 2 Satz 2, einen Forderungsausfall unter den Tatbestand der Norm zu subsumieren".*

368 Siehe nur – Forderungsausfall – BFH v. 23.3.1984, VIII R 117/78, BStBl II 1981, 505.

369 Etwa: *Jochum*, DStZ 2018, 63; *Brombach-Krüger*, Ubg 2018, 178; Zum „Bekanntsein" im Übrigen: Deutliche Hinweise zu den „unrealisierten" Vermögenseinbußen erhielt der Gesetzgeber (dort in Bezug auf Termingeschäfte) bereits durch das Interventions-Schriftgutes der „Banken-Lobby" – nämlich des damaligen Zentralen Kreditausschusses – (*Stein*, Fn. 234, 75 ff.) im Rahmen von Anhörungen vor dem Finanzausschuss im Jahre 2007. Der Finanzausschuss hatte gleichwohl keine Änderungen an § 20 Abs. 2 EStG-E veranlasst, mithin bewusst davon abgesehen, auf erloschene Rechtspositionen wie etwa den Wertlosverfall von Optionen zuzugreifen (*Stein*, Fn. 234, 75 f.). Auch eine neuerliche Intervention der Lobby im Folgejahr 2008 führte nicht „zum Erfolg", nämlich nicht zu einer Änderung des § 20 Abs. 2 S. 2 Hs. 1 EStG (*Stein*, Fn. 234, 76 ff).

370 *Brombach-Krüger*, Ubg 2018, 178, 179.

371 Vgl. hierzu – entgegengesetzter Sinn – allg.: BVerfG v. 27.1.2015, 1 BvR 471/10, 1 BvR 1181/10 (Rdn. 32).

a) Anlass zur begründeten Sorge bezüglich der Unparteilichkeit[372] der zur Entscheidung berufenen Richter des VIII. Senates bereitet vornehmlich der Umstand, dass der VIII. Senat mit der Erkenntnis VIII R 13/15[373] bereits die *zweite* Abgeltungsteuer-Entscheidung vorgelegt hat, welche sich rechtsmethodisch nicht erschließen lässt.

Lediglich ein Jahr (und vier Tage) waren vergangen und der VIII. Senat präsentierte bereits die zweite Fehlentscheidung im klassischen Sinne. Wir erinnern uns (noch zu gut) an die vollends missglückte Stillhalter-Entscheidung VIII R 55/13[374] vom 20.10.2016: Kein einziger der dort vorgetragenen Einzeleinwände vermochte „Nachdenklichkeit" zu bewirken, geschweige denn zu überzeugen[375]. In diesem Kontext sei noch einmal auf die hervorragende Arbeit des FG Hamburg[376] im Sinne einer systematischen Auslegung hingewiesen. Der VIII. Senat (VIII R 55/13[377]) hatte FG Hamburg[378] zwar als „andere Ansicht" dreimal erwähnt, es sich aber nicht gewagt, sich den dort angeführten Argumenten zu stellen[379].

Selbiges Muster legt der VIII. Senat nun mit VIII R 13/15[380] an den Tag: Er zitiert lediglich ihm genehme Literatur und blendet dabei die andere Literatur-Ansicht völlig aus. So kann redliche Rechtsprechung schwerlich gelingen.

Vielleicht möchte sich der VIII. Senat des BFH in Sachen „Redlichkeit" ein Beispiel an *Philipowski*[381] nehmen:

Derselbe hatte sich über Jahre hinweg in mehreren Fachbeiträgen mit den verschiedensten Argumenten für eine steuerliche Abziehbarkeit des vom Stillhalter geleisteten Barausgleichs verwendet. Als dann aber die Sache VIII R 55/13[382], welche dem Begehren von *Philipowski* zumindest im Ergebnis entsprach, endlich vorlag, war sich *Philipowski*[383] nicht zu schade

---

372 Gleichfalls nachdenklich *Urban*, Ubg 2018, 199, 203: „*Das Urteil leidet an den typischen Schwächen ergebnisorientierter Entscheidungen*".
373 BFH v. 24.10.2017, VIII R 13/15, BFHE 259, 535.
374 BFH v. 20.10.2016, VIII R 55/13, BStBl II 2017, 264.
375 Zur diesbezüglichen Kritik an BFH: *Stein* (Fn. 48); *Stein* (Fn. 50), *Stein* (Fn. 100), 73 bis 83.
376 FG Hamburg v. 10.6.2016, 5 K 185/13.
377 BFH v. 20.10.2016, VIII R 55/13, BStBl II 2017, 264.
378 FG Hamburg v. 10.6.2016, 5 K 185/13.
379 Zuletzt eingehend: *Stein* (Fn. 48).
380 BFH v. 24.10.2017, VIII R 13/15, BFHE 259, 535.
381 *Philipowski*, DStR 2017, 1362.
382 BFH v. 20.10.2016, VIII R 55/13, BStBl II 2017, 264.
383 *Philipowski*, DStR 2017, 1362.

dezidiert vorzutragen, der VIII. Senat sei mit dieser Entscheidung aber nicht den Grundsätzen rechtsmethodischer Auslegung gefolgt. Möglichenfalls mag *Philipowski*[384] dem VIII. Senat des BFH ein Vorbild sein: *Philipowski* geht es vornehmlich um die treffende Auslegung des einfachen Gesetzes, weniger um das Ergebnis der Auslegung.

Kurz: Es handelt sich bei der Sache VIII R 13/15[385] bereits um die zweite Fehlentscheidung des VIII. Senates des BFH in Sachen Abgeltungsteuer, weshalb einer Heimkehr zum richtig verstandenen Gesetz das Wort zu reden ist: Irrtum ist lässlich, geflissentliche Täuschung nicht[386]. Hat der VIII. Senat tatsächlich gewähnt, er könne die Auslegungskontrolle mit einer Auslegung gegen den Gesetzeswortlaut überzeugen ohne eine planwidrige Gesetzeslücke nachvollziehbar aufzuzeigen? An diesem Rechtsprechungsbeispiel zeigt sich einmal mehr, welch wichtigen Beitrag der mehrstufige Aufbau der Gerichtsbarkeit für die Entstehung einer nachvollziehbaren, gleichsam objektiven Gesetzesauslegung leistet: Die Instanzen begutachten sich – wenn das System funktioniert – gegenseitig. Dabei muss die Ansprache nicht einmal wissenschaftlichen Ansprüchen genügen, wenn die Rechtslage klar ist: So hat das Hessische Finanzgericht der BFH-Entscheidung VIII R 13/15[387] – für ein Gericht bei dieser Rechtslage ausreichend – mit knapper Begründung (eine Seite zur Sache VIII R 13/15) widersprochen[388]. Allein der *Verfasser* musste, wenn er dem VIII. Senat des BFH *hier* dessen geflissentliches Abgehen von der tradierten Auslegungsdisziplin dokumentiert, weiter ausholen.

b) Womöglich kommt nun der Gesetzgeber ins Spiel, weil mit Blick auf die erheblichen Auswirkungen der Entscheidung VIII R 13/15[389] eine gesetzliche Klarstellung im Sinne rechtsprechungsbrechender Rechtsetzung erforderlich machen könnte[390]. Geht es doch darum, nochmals festzuschreiben, dass Wertveränderungen der Kapitalanlage – abgesehen von den in § 20 Abs. 2 EStG spezialgesetzlich definierten Ausnahmetatbeständen – nicht unter § 20 EStG fallen: Die nächste Finanzkrise kommt bestimmt und sie könnte erneut verhängnisvoll sein.

---

384 Ebenda.
385 BFH v. 24.10.2017, VIII R 13/15, BFHE 259, 535.
386 *Stein* (Fn. 48), 50.
387 BFH v. 24.10.2017, VIII R 13/15, BFHE 259, 535.
388 Hessisches FG v. 12.4.2018, 9 K 1053/15 (Rev.: IX R 17/18).
389 BFH v. 24.10.2017, VIII R 13/15, BFHE 259, 535.

Wenn private Kapitalanleger dann also abermals ohne ihr Zutun (kein Realisationsakt) auf einen Schlag große Summen investierten Kapitals einbüßen, wird – sollte sich die Entscheidung VIII R 13/15[391] samt daraus zu erwartender Folgerechtsprechung des VIII. Senates des BFH als geltendes „Sekundärrecht" manifestieren – nun auch über das Steuerrecht die steuerzahlende Allgemeinheit (also auch die große Gruppe der nichtinvestierten Gemeinen) für diese Einbußen risikofreudiger Investoren einstehen müssen.

In erster Linie ist dabei an Anlegerverluste aus der Liquidation einer Kapitalgesellschaft zu denken, welche von der Norm des § 20 Abs. 2 EStG nicht erfasst werden[392], was von Teilen der Richterschaft[393] bezweifelt wird.

Zur Durchsetzung solch richtigstellender Rechtsetzung böte es sich an, nach § 20 Abs. 2 S. 2 EStG einen weiteren Satz anzufügen – aus dem heutigen Satz 3 würde sodann Satz 4 – welcher so einleiten könnte:

„Als Veräußerung im Sinne des Satzes 1 gilt nicht ... ".

Für den Fall, dass der Gesetzgeber eine solche Klarstellung nicht auf die Zukunft beschränkte, ließe sich mit Blick auf BVerfG 1 BvL 5/08[394] zwar nicht rechtssicher ausschließen, dass eine unzulässige echte Rückwirkung eintritt. Indessen begegnet diese mit dem 2. Senat des BVerfG offenbar nicht abgestimmte Entscheidung Bedenken[395] und steht unter der Voraussetzung, dass sich die mit dem „Nichtanwendungs-Gesetz" angesprochene Rechtsprechung innerhalb der Grenzen vertretbarer Auslegung bewegt.

Die Sache VIII R 13/15[396] setzt sich jedoch in krassen Widerspruch zu den zur Anwendung gebrachten Normen (§ 20 Abs. 2 S. 1 Nr. 7 EStG i.V.m. S. 2 EStG), weshalb abschließend zu begutachten bleibt, ob der VIII. Senat des BFH damit Befugnisse beansprucht hat, die von der Verfassung dem Gesetzgeber übertragen sind[397]. Bejahendenfalls stünden die Chancen gut, dass sich eine etwaige Gesetzesänderung mit Rückbewirkung als deklaratorisch und sonach als zulässige unechte Rückwirkung qualifizierte.

---

390 *Brombach-Krüger*, Ubg 2018, 178, 179.
391 BFH v. 24.10.2017, VIII R 13/15, BFHE 259, 535.
392 Treffend etwa: *Brombach-Krüger*, Ubg 2018, 178, 180 f.
393 So jedenfalls: *Jachmann-Michel*, Ubg 2018, 174, 177 f. (*Verfasser*: methodisch nicht nachvollziehbar).
394 BVerfG v. 17.12.2013, 1 BvL 5/08.
395 Siehe: Sondervotum *Masing*.
396 BFH v. 24.10.2017, VIII R 13/15, BFHE 259, 535.
397 Vgl. etwa: BVerfG v. 16.2.2012, 1 BvR 127/10, BFH/NV 2012, 909, m. N.

IV. Fazit

Der VIII. Senat des BFH hat die von ihm präsentierte Auslegung[398] eher bestimmt, denn gefunden.

Dem im Geiste eines demokratischen Rechtsanwendungsdiskurses aktiven Rechtsfinder ermöglicht die Beachtung wie die verständige Einordnung der „anderen Ansicht" eine rechtssichere Verortung der eigenen Auslegungs-Position. Derlei Tugend legt der VIII. Senat des BFH nicht an den Tag:

Zwar spricht der BFH von der „Auffassung des Senats"[399], meidet es aber[400], die andere Auslegung zu benennen. Dies betrifft (a) neben der übergangenen Literatur der „anderen Ansicht"[401] (b) die Auffassung des Fiskus[402] sowie (c) die – mit der Auslegung weiterer Untergerichte[403] einhergehenden –Gründe der Vorinstanz[404].

Man kommt nicht umhin, sich an Gründen zu orientieren und von einer rechtslogisch nachvollziehbaren Auslegung geltenden Primärrechts nach Maßgabe der anerkannten Auslegungsregeln – wie es die Konstitution dem zur Entscheidung berufenen Bundesrichter abverlangt – ist die Erkenntnis VIII R 13/15[405] weit entfernt[406].

---

[398] BFH v. 24.10.2017, VIII R 13/15, BFHE 259, 535.

[399] BFH v. 24.10.2017, VIII R 13/15, BFHE 259, 535, Rdn. 10 S. 1 sowie Rdn. 13 S. 1.

[400] Abgesehen von der „1-Satz-Vorstellung" der Entscheidung der anders auslegenden Vorinstanz [BFH v. 24.10.2017, VIII R 13/15, BFHE 259, 535, Rdn. 3 S. 2] und der Erwähnung der gleichfalls anderen Auslegung des beklagten Finanzamts [BFH v. 24.10.2017, VIII R 13/15, BFHE 259, 535, Rdn. 3 S. 1].

[401] Etwa: *Gast*, Die steuerliche Berücksichtigung von Darlehensverlusten des Gesellschafters einer Kapitalgesellschaft, Berlin 2013 (ISBN 978-3-643-12026-7), 145 ff, insbes. Seite 148; *Dahm/Hamacher*, DStR 2008, 1910, 1917; *Kleinsmann*, DStR 2009, 2359, 2361 (Ziff. 5), s. a. 2360 (Ziff. 2.3); *Ratschow* in Blümich, EStG, § 20, Rz. **353c** (Stand: 08/2015); Rz. **393** (Stand: 11/2016); Rz. **390** (Stand: 11/2016); Rz. **353b** (Stand: 08/2015); *Jochum*, in: Kirchhof/Söhn, EStG, § 20, Stand: März 2017 [277. Aktualisierung]. Rdn. **D/9: 18, 22, 23, 25;** *Buge* in: Herrmann/Heuer/Raupach, EStG, § 20, Rz. **6** (Stand: 262. Lieferung 02.2014; *Mathäus*, FR 2016, 888; *Helios/Link*, DStR 2008, 386; *Bode*, DStR 2009, 1781; siehe zudem: *Schmitt-Homann*, BB 2010, 351, 353 f.; *Neumann*, GmbH-StB 2008, 361, 363; *Schön*, Diskussionsbeitrag in: JbFfSt 2009/2010, 272 f.; *Ronig*, DB 2010, 128, 130; *Hensel*, NWB 2010, 966, 969; *Möller/Wiese*, GmbHR 2010, 462, 464; *Jachmann* in: DStJG 34, 251, 272; *Bayer*, DStR 2009, 2397, 2401.

[402] BMF v. 18.1.2016, BStBl I 2016, 85, Rz. 60, welche, obgleich das BMF dem Revisionsverfahren VIII R 13/15 gemäß § 122 FGO beigetreten war (siehe: BFH v. 24.10.2017, VIII R 13/15, BFHE 259, 535, Rdn. 8) in den Gründen des VIII. Senates des BFH nicht einmal erwähnt ist.

[403] FG Berlin-Brandenburg v. 20.1.2016, 14 K 14040/13 (Rev.: **VIII R 18/16**); FG Düsseldorf v. 23.11.2016, 7 K 2175/16 F (Rev.: **VIII R 34/16**); FG Köln v. 18.1.2017, 9 K 267/14, Rdn. 51 (Rev. **X R 9/17**).

[404] FG Düsseldorf v. 11.3.2015, 7 K 3661/14 E.

[405] BFH v. 24.10.2017, VIII R 13/15, BFHE 259, 535.

[406] Siehe auch: *Urban*, Ubg 2018, 199, 203: „Die Entscheidung des BFH ist folglich weder mit dem Gesetzeswortlaut noch mit der Intention des Gesetzgebers vereinbar"; gegen BFH VIII R 13/15 auch: Hessisches FG v. 12.4.2018, 9 K 1053/15 (Rev.: **IX R 17/18**): „Dieser Rechtsprechung des BFH folgt der Senat nicht".